ドリブル デザイン

日本サッカーを変える「99％抜けるドリブル理論」

ドリブルデザイナー
岡部将和

DRIBBLE DESIGN

OKABE MASAKAZU

TOYOKAN BOOKS

ドリブルを通して

「チャレンジする心」

を伝える。

ドリブルデザイナー

岡部 将和

プロローグ

ドリブルデザイナー。

これが僕、岡部将和の仕事です。

ドリブルデザイナーは世界でただひとり、岡部しかいません。

僕が生み出した、新しい仕事です。

ドリブルデザイナーという仕事を一言で表すと、

「選手一人ひとりの個性に合わせて、ドリブルで抜けるようにデザインする仕事」です。

今この仕事で、日本全国各地でのレッスンはもちろん、世界各国からオファーをいただき、数多くの日本代表選手、世界的選手にも「ドリブルのデザイン」を行っています。

僕は、１６７㎝、50㎏と、体はとても小さく、代表選手でもなければ元Ｊリーガーでもありません。

そんな僕になぜ、プロの指導や、各国からのオファーが来るのか。

それは、僕がオリジナルの「99％抜けるドリブル理論」をもっているからです。

感覚的にしか語られてこなかったドリブルの一つひとつのプレーを細かく言語化し、なぜ抜けるのかを徹底的《てっていてき》に研究していった結果、「99％抜けるドリブル理論」に到達したのです。

これまで、その理論を基に幾多《いくた》の選手を指導し、多くの結果を残してきました。

本書では、これまで限定的にしか公開していなかった「99％抜けるドリブル理論」のすべてをまとめました。この本を読めば、「誰でもドリブルで99％抜けるようになる」と信じています。


ドリブルはもっとも華《はな》があり、人々を魅了するプレーであると同時に、チャレンジ精神も必要なプレーです。

「99％抜けるドリブル理論」を通じ、読者のみなさんのプレーに華が添《そ》えられ、さらにはドリブルを通じて物事にチャレンジする大切さを感じていただけたら、筆者としてこれ以上の幸せはありません。

それでは、「99％抜けるドリブル理論」、そのすべてをここに記していきます。

平成31年4月　岡部将和

目次

第2章 「99%抜けるドリブル理論」 ―テクニック編―

第3章 超一流プレーヤーのドリブルを分析する

装丁　水戸部 功
帯写真　VI Images／アフロ

「99%抜ける
ドリブル理論」
—ロジック編—

第1章

SECTION

01 ▼「99%抜けるドリブル理論」とは

▼ドリブルは手品と同じ仕組みでできている

僕が「99％抜けるドリブル理論」について話すとき、必ず引き合いに出すものがあります。それは「手品」です。実は僕の「ドリブル」は、「手品」と全く同じ仕組みでできています。手品は鮮《あざ》やかな「手さばき」でくり出すものですが、どんな手品にも必ず「タネ」があるものです。「タネ」があって初めて手品は成立し、そのタネを実現するために「手さばき」がある。つまり、

手品＝「タネ」×「手さばき」

と表現できます。

同じように、ドリブルで相手を抜くには「タネ」があるのです。テクニックやフェイントのような「手さばき」はタネを実現する道具でしかありません。

では抜けるドリブルの「タネ」とは何か。

それは一言で、

〝絶対に抜ける間合い〟に、相手に気づかれないように〝忍《しの》びこむ〟

と表現できます。

「99％抜けるドリブル理論」は、まさにこの一言に尽《つ》きるのですが、一方で「絶対に抜ける間合いってあるの？」「それはどこにあるの？」「相手に気づかれないようにどうやって忍びこむの？」という疑問が浮かぶはずです。

でも断言します。

たとえ足が速い、もしくは遅いの違いがあったとしても、絶対に抜ける間合いはあります。絶対に抜ける間合いに気づき、そこに忍びこむことができれば、誰でも99%抜けるようになるのです。それは、体の小さな人であっても、大きな人であっても同じです。

「99%抜けるドリブル理論」ではこのタネを「ロジック」と呼んでいます。

一方、手さばきに該当《がいとう》する技術を「テクニック」と呼びます。つまり、

「99%抜けるドリブル理論」＝ロジック×テクニック

という図式ができあがります。

▼「タネ」はすぐに手に入る

手品の「タネ」は意外とシンプルで、一度覚えてしまえば、誰でもそれなりに披露《ひろう》できてしまうものです。一方、「手さばき」は練習が必要で、一朝一夕でできるものではありません。

同じようにドリブルの「ロジック」も、覚えてしまえば誰でもすぐ自分のものにできます。

ドリブルを成功させるための「テクニック」を手に入れるには練習を要しますが、ロジック

を知っていれば、今後どうテクニックを磨いていくかの指針にもなるはずです。

つまり「どう抜けばいいのかわからない」という人も、このロジックを知ることができれば、それだけですぐに抜けるようになるかもしれません。仮に抜けなかったとしても、今後どう練習すれば抜けるようになるのか、がつかめるというわけです。

「99%抜けるドリブル理論」の「ロジック」の魅力《みりょく》は伝わりましたか?

それでは次項でこの「ロジック」について詳しく解説していきたいと思います。

SECTION

02 ▼ 絶対に抜ける間合いを知る

▼距離と角度を意識する

くり返しになりますが、「99％抜けるドリブル理論」のタネ＝ロジックは、〝絶対に抜ける間合い〟に、相手に気づかれないように〝忍びこむ〟ことです。

それでは、この「絶対に抜ける間合い」が何なのかを明らかにしていきましょう。

実はこの「間合い」という言葉が厄介《やっかい》です。

なぜならドリブルにおける「間合い」は、普段考える「間合い」とは似て非なるものだからです。

みなさんは、

間合い ＝ 人と人との距離

と思われるのではないでしょうか？

確かに間合いの辞書的な意味は「自分と相手との距離」です。単純に人と人が対峙《たいじ》したときにはそれでよいかもしれません。しかし、ドリブルにおける間合いは距離だけでは決まりません。

なぜなら**サッカーにはゴールがある**からです。

仮にあなたがディフェンス（守備側）で、オフェンス（攻撃側）と1対1で対峙したとします。

そのとき、オフェンスとの距離だけを気にして守りますか？

答えは「いいえ」のはずです。

サッカーにはゴールがあるので、ゴールとボールの間に立たなければゴールは守れません。「距離を気にするだけ」ではディフェンスは成り立たない。これは間合いについて考えるうえで大切な要素です。

つまりドリブルにおける間合いは、距離だけでは決まらない。

そこで、「99％抜けるドリブル理論」では間合いを次のように定義しています。

間合い ＝ 距離 × 角度

ここでいう角度は、ゴール―ディフェンス―オフェンスが織りなす角度を指します（通常であれば、この角度が180度になるよう守るのがセオリーです）。このように「間合い」を「距離」と「角度」に分解することで、さまざまなことが明らかになっていきます。これこそが「絶対に勝てる間合い」を知る大きな手がかりとなるのです。

次からは、さらに深く「距離」と「角度」を理解していきましょう。

図1　間合い＝距離×角度

間合い ＝ 人と人との距離

ではなく

間合い ＝ 距離 × 角度

POINT

このようにゴールを意識してイメージすると「間合い」が理解しやすい。

SECTION

03

ディフェンスに触れられない「距離」

▼「絶対に勝てる角度」は人それぞれ

前項では、絶対に勝てる間合いを知るために「間合い＝距離×角度」に分解しました。この距離と角度をそれぞれ次のように考えると理解しやすくなります。

距離：ボールを奪《うば》われないためのもの
角度：ディフェンスを抜くためのもの

まず「距離」について考えてみましょう。「距離はボールを奪われないためのもの」です。では、どんなときにボールは奪われてしまうのか、それぞれのケースをあげてみると、次の3つしかありません。

①自分がミスをする
②ボールに触《さわ》られる
③体に触《ふ》れられる

この3つのいずれかが起こらない限り、ボールを失うことはないのです。

「①自分がミスをする」は、練習やメンタル面の強化で減らすことができます。これは自分でコントロールできる領域です。

一方、「②ボールに触られる」と「③体に触れられる」は、相手のディフェンス次第で、自分ではコントロールできないように思えます。しかし、「ディフェンスが触れてくる＝ディフェンスの体が届く範囲」内でしか②と③は起こりえません。

つまり、「ディフェンスが足を目一杯投げ出してもギリギリ届かない距離」にいれば、②と③は起こりえないということなのです。

▼「勝てる」と確信《かくしん》できる角度に忍びこむ

次は角度について考えてみましょう。

角度は**ディフェンスを抜くためのもの**としました。要するに、角度を使ってディフェンスを抜く、ということです。ここで、「ディフェンスが足を目一杯投げ出してもギリギリ届かない距離」にいながら、どんな角度であればディフェンスを抜けるのかを考えていきましょう。

図2は対峙するディフェンスとオフェンスを俯瞰《ふかん》的に見た図です。

このように、距離は「ディフェンスが目一杯足を投げ出してもギリギリ届かない距離」を保ちながら、「ゴールとディフェンスとオフェンスが織りなす角度」を少しずつ変化させていくということがわかります。

「ゴールとディフェンスが織りなす角度」が180度、135度、90度のときは、それぞ

図2　対峙するディフェンスとオフェンスを俯瞰的に見た図

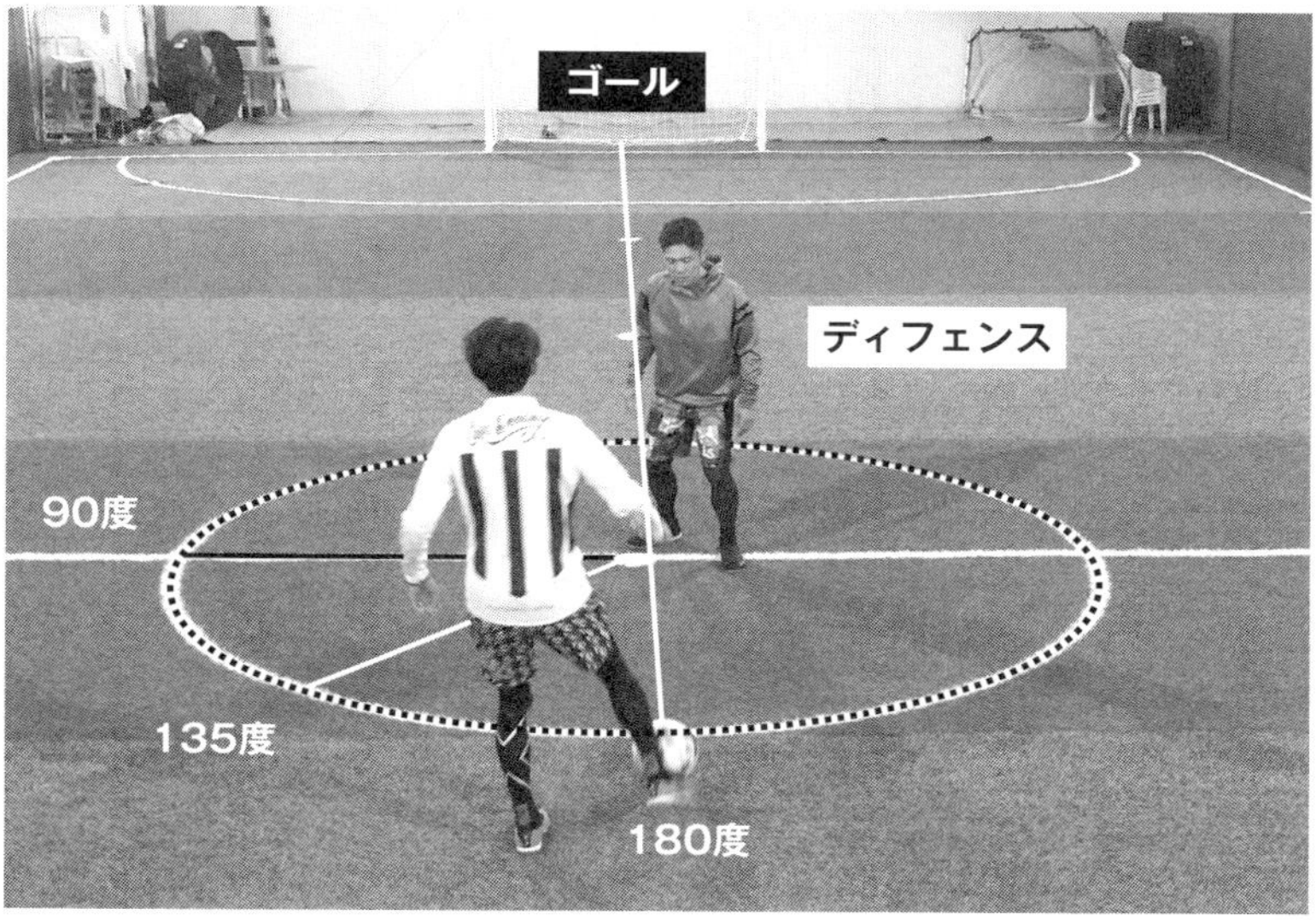

POINT

「ゴールとディフェンスが織りなす角度」を考える。この写真は180度で対峙しているが、135度、90度と角度を変えていけば抜くことができる。

■(例)ディフェンスが足を目一杯投げ出してもギリギリ届かない距離

れ次のようなことがいえるはずです。

180度……ゴールーディフェンスーオフェンスが一直線。ディフェンスの基本位置
135度……自信があれば勝負にいく角度
90度……「ヨーイドン」で振り切れる可能性大（ディフェンスが成立していない）

相手との距離は一定でも、角度によってディフェンスが成立している、成立していない、がはっきり分かれていますね。ちなみに0度は抜け切れている絶対勝利の状態です。90度では、縦方向に「ヨーイドン」でスタートしてドリブルすれば、たいていの場合、ミスをしない限りシュートまでいけるでしょう（この角度はディフェンスが成立していないといえる）。仮にディフェンスが、ものすごく背が高く、足が長かったとしても、「ディフェンスが足を目一杯投げ出してもギリギリ届かない距離」にいる前提なので、即座《そくざ》にディフェンスの足が届くことはありません。

自分が何度の角度にいれば抜けるのか。それは自分の足の速さとディフェンスの足の速さの関係によっても変わります。

僕の場合、スピードで勝てる自信がある場合は135度くらいで勝負にいきますが、速いディフェンスが相手の場合は、もう少し入りこんで110度くらいから勝負にいくようにしています。

大切なことは、ディフェンス側が「来る！」とわかっていても「ヨーイドン」でスタートして勝てる角度かどうか。フェイントや不意打ちの要素なしに、純粋にスピード勝負しても勝てる角度が、「勝てる角度」です。

このように、「勝てる」と確信できる角度まで忍びこんでから勝負にいく。

つまり「勝てる角度」に到達したときにしか勝負しなければ、自分のミスがない限り抜ける＝99％抜ける、ということです。この「勝てる角度」は人それぞれで、ディフェンスの強さにも依存しますが、どんな人にも必ず存在します。

たとえ自分の足が遅くても、「ディフェンスが足を目一杯投げ出してもギリギリ届かない距離」かつ0度に近づけば近づくほど、自分のミスがない限り、かわしてシュートまでいけますよね。

これこそが「絶対に勝てる間合い」です。

つまり、

絶対に勝てる間合い

＝

ディフェンスが足を目一杯投げ出してもギリギリ届かない距離

×

「ヨーイドン」で勝てる角度

と表現することができます。

どんな人にも必ず「絶対に勝てる間合い」が存在することがわかったと思います。
では、次からはこの間合いにいかに忍びこむかを考えていきましょう。

CHECK POINT

ここまでのおさらい

POINT 1

ドリブルと手品の仕組みは同じ

手品＝「タネ」×「手さばき」

⬇

「99％抜けるドリブル理論」＝「ロジック」×「テクニック」

POINT 2

間合い＝距離×角度

距離：ボールを奪われないためのもの

角度：ディフェンスを抜くためのもの

POINT 3

「絶対に勝てる間合い」は存在する

絶対に勝てる間合い

||

ディフェンスが足を目一杯投げ出してもギリギリ届かない距離

×

「ヨーイドン」で勝てる角度

SECTION

04

ディフェンスが届く範囲を知り「絶対に勝てる間合い」に忍びこむ

▼円状に迂回《うかい》して「絶対に勝てる間合い」にたどり着く

おさらいになりますが、絶対に勝てる間合いは、「ディフェンスが足を目一杯投げ出してもギリギリ届かない距離」かつ「ヨーイドンで勝てる角度」（図3参照）の2つが両立する場所です。

では、ディフェンスと180度の角度で対峙したとしましょう。

あなたは、ボールを奪われないように、「ディフェンスが足を目一杯投げ出してもギリギリ届かない距離」にいます。そこからどうやったら「絶対に勝てる間合い」に忍びこめるでしょうか。

普通に考えると、斜めに最短距離で向かう、という選択をすると思います。しかし、実はこれがドリブルでボールを奪われる一番の原因です。

なぜ最短距離で向かうとボールを奪われるのか。

それは、ディフェンスの足が届く範囲を考えると理解することができます。

ディフェンスは、軸足を中心にしてコンパスのように足を突き出してきます。そのコンパスが描く円の内側は、ディフェンスの足が届くということ。つまり「ディフェンスの足が届く範囲」は軸足を中心に円状に広がっている、と考えることができるはずです。

もしあなたの「絶対に勝てる角度」が90度だったとして、180度の角度から最短距離で向かうと、この円状に広がる「ディフェンスの足が届く範囲」に侵入《しんにゅう》してしまい、ボールを

図3　絶対に勝てる角度

「ディフェンスが足を目一杯投げ出してもギリギリ届かない距離」を保ちながら円状に迂回し、「ヨーイドンで勝てる角度」へ忍びこむことが「99%抜ける」につながる。

■135度の場合

■90度の場合

NG

ディフェンスの足が届く範囲に入ったり、最短距離で斜めに向かう選択をするとボールを奪われる原因となる。

POINT

角度を変える際に「ディフェンスが足を目一杯投げ出してもギリギリ届かない距離」内に侵入しがち。距離を保つために円状に迂回する。

奪われるリスクが生まれてしまうということです。

これに気がつくだけで、どうすれば「絶対に勝てる間合い」にたどり着けるかがわかりますね。そうです、円状に迂回するのです。

「ディフェンスが足を目一杯投げ出してもギリギリ届かない距離」にいれば決してボールを奪われないので、**「円状に迂回」**＝ディフェンスとの距離は変わらない」状況であれば、安全に「勝てる角度」までたどり着けるというわけです。

「いやいや、ディフェンスも動くし、そう簡単には忍びこめないでしょう」

そう思う方もいるかもしれません。しかし、意外と忍びこめてしまうのです。

なぜなら、ディフェンスは距離の変化には敏感《びんかん》ですが、角度の変化には鈍感《どんかん》なことが多いからです。前項では、**距離：ボールを奪われないためのもの**と紹介しました。ディフェンスの仕事は「ボールを奪うこと」でもあるので、距離にはとにかく敏感なのです。その反面、迂回して少しずつ角度をずらしていくと、その変化に気づかれずに「勝てる角度」までたどり着ける、というわけです。

この忍びこむ考え方は、一度知ってしまえばすぐに使えるはずです。

また、僕のドリブルはすべてこの原理に基づいているので、動画をご覧《らん》になったことがある方は「なんだそうだったのか」と納得していただけるかもしれません。

さまざまなテクニックを使いつつも結果的には、円状に迂回して、角度を変えて勝てる角度に忍びこんでいるのがわかるはずです。

しかし、もちろんすべてのディフェンスが角度に鈍感なわけでありません。ゴールとオフェンスの間に立たないとディフェンスにならないことは意識しているはずです。

実際、円状に迂回しても、ずれた角度を修正しながら守ってくるディフェンスに苦労することもあります。

自分が動いても「勝てる角度」にもちこめないときは、相手を動かして角度をつくり出してしまいましょう。

相手を動かして角度をつくり出すには、フェイントやボールを動かす「テクニック」も使えるかもしれません。しかし、もっと簡単に角度をつくり出す方法があります。

この方法はFCバルセロナ時代のイニエスタ選手が多用していました。

彼には、チームメイトに史上最強のドリブラー、メッシ選手がいました。

少しでもメッシ選手へのパスコースがあれば、ディフェンスはそこをふさがざるをえません。

もしサイドでドリブルしていて、ピッチ中央にメッシがいれば、ディフェンスは中央に寄るというわけです。迂回せずに、相手が動くことで自動的に「勝てる角度」ができあがる。

このように「勝てる角度」に忍びこむ方法はひとつでありません。

勝てる角度をつくっておいてからパスを受けるのでもいい。ボールを失わない距離と勝てる角度を理解しておけば、いくらでも応用できます。

図4 ドリブルでディフェンスを抜くためのタネ（ロジック）

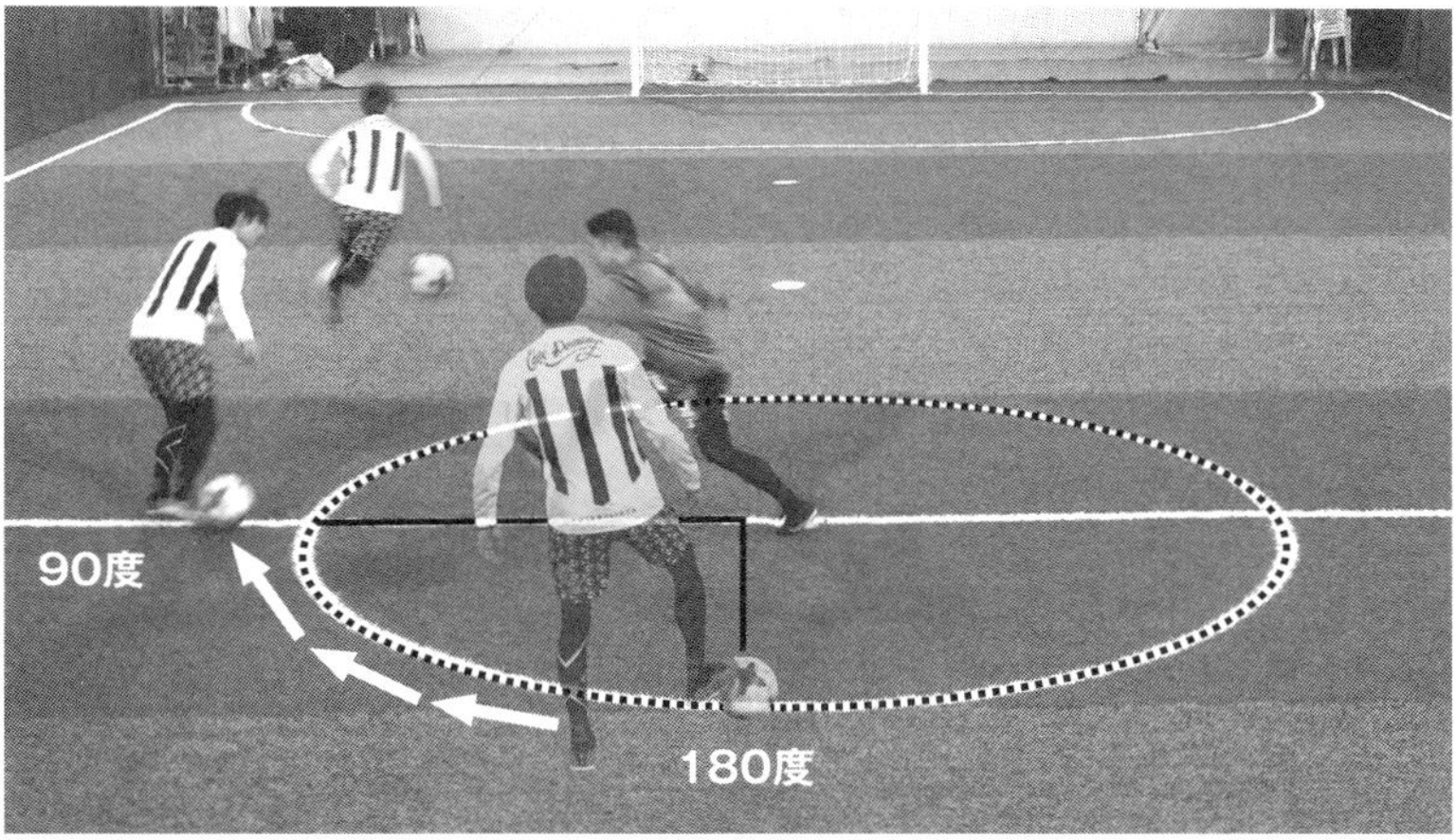

▼

①
「ディフェンスが足を目一杯投げ出してもギリギリ届かない距離」を保つ

▼

②
円状に迂回する

▼

③
「ヨーイドンで勝てる角度」へ忍びこむ

POINT

「勝てる角度」に忍びこむ方法はひとつではない。「勝てる角度」をつくっておいてからパスを受けるのでもいい。ボールを失わない距離と勝てる角度を理解しておけば、いくらでも応用できる。

ここで改めて、これまでの内容をまとめます。

ドリブルでディフェンスを抜くにはタネ（ロジック）があり、それは絶対に勝てる間合いに、相手に気づかれないように忍びこむこと。つまり「ディフェンスが足を目一杯投げ出してもギリギリ届かない距離」を保ちながら円状に迂回し、「ヨーイドンで勝てる角度」へ忍びこむことです（図4）。

お気づきの方も多いかもしれませんが、ここまでドリブルをシンプルに整理するために、「ディフェンスは足を出してこない」「縦方向にしか抜かない」という多少無理のある前提で話を進めてきました。

ここからは縦ドリブル（縦方向にドリブルすること）とカットイン（外から中に切りこむドリブルすること）、そしてディフェンスが足を出してきたときについて詳しく述べていきます。

SECTION

05 ▼縦ドリブルは最速のドリブル

▼縦ドリブルが最善《さいぜん》のドリブル

これまで縦方向にしか抜かないことを前提に整理してきました。シンプルに整理するため、という理由もありますが、僕は縦ドリブルがすべての基本と考えていることが一番の理由です。

縦ドリブルが最善のドリブルだと断言します。

カットインが得意な選手も多いと思いますし、もちろん僕もカットインで抜くことも多いです。しかし僕がカットインするときは、縦の選択肢《せんたくし》をまず考えたうえで、あえてカットインを選択しています。

つまり、**ドリブルは縦ありき**、と考えているのです。

それは縦ドリブルが最善かつ、最速のドリブルだから。より早く相手のゴールに近づきたいなら、より速いドリブルを選択するのは当然です。

ドリブルはボールを蹴りながら走る行為です。**どんなにドリブルスピードを上げても、全力でのスプリント速度を上回ることはありません。**ドリブルをスプリント速度に限りなく近づけていくことが、自身最速のドリブルへの道だと言えます。

では一番スプリントに近いドリブルとは何か。

図5　縦ドリブルとカットイン

■縦ドリブル

POINT

縦方向にドリブルすることを縦ドリブルと呼ぶ。

■カットイン

POINT

外から中に切りこむドリブルがカットイン。縦ドリブルを磨いておけば、カットインはいつでもできる。

それは、**「ヨーイドン」の形で飛び出せる縦ドリブル**です。

カットインは足の運びがヨーイドンの形にはならないため、スピードでは縦ドリブルに劣《おと》ります。このことから、自分の最速の形、縦ドリブルを基本に置くことは理にかなっているといえるはずです。

縦ドリブルは、最高速で駆け抜けられる＝時間が掛からない、というメリットが大きく、試合の流れを止めることなくドリブルをすることができます。

実はもうひとつ、さらに大きなメリットがあります。

それは縦ドリブルを磨いておけば、カットインはいつでもできるということ。

なぜなら縦ドリブルは、**後退しないと止められない**からです。

ディフェンスが後退することは、つまり重心が後ろに下がるということです。重心が後ろに下がったディフェンスは、次の動作が著《いちじる》しく遅くなります。とくに縦ドリブルを一度成功させた後は、縦への警戒が高まり、わずかにでも縦へドリブルするフリを見せただけでディフェンスは大きく後退します。

大きく後退したディフェンスには、カットインへの道をふさぐ手立てはありません。

この状態のディフェンスは足が届く範囲が非常に狭まり、オフェンスが目の前を駆け抜けても、止めることはおろか、立っているのがやっとだからです。時には「アンクルブレイク」といってその場で転んでしまう人もいるほどです。

それほど縦ドリブルはディフェンスにとって脅威《きょうい》であり、一度トラウマを刻まれた相手は、縦を意識しすぎて、カットインの道をガラ空きにしてしまうこともあります。

つまり、縦ドリブルを磨いておけば、カットインはいつでもできる、ということです。

しかし、逆は成立しません。カットインを先に磨いておいても、縦ドリブルはできるようにならないのです。

それはなぜか。

ディフェンス側にとって、**カットインはサイドステップで守ることができる**からです。カットインと見せかける動きで左右に振られたとしても、ディフェンスの重心は後ろに下がってはいないので、次の縦へのドリブル対応は比較的早くできてしまいます。そのため、カットインを磨いても、縦ドリブルで抜くことはむずかしいといえるのです。

縦ドリブルのメリットは伝わりましたか？

一見、当たり前のことを整理し、ひとつずつ組み上げたここまでのロジックですが、今までこの考え方を基に多くのプレーヤー、プロ選手たちのドリブルをデザインしてきました。とくに乾貴士選手は縦ドリブルの考え方にとても共感してくれており、この考えを活用することでカットインの名手だった彼の、ドリブルの幅がさらに広がりました。

その一方で、実際に、

- **どうやってスプリントのように縦ドリブルするのか**
- **縦ドリブルのフリ＝フェイントはどうやるのか**
- **縦ドリブルからのカットインへの動作はどうやるのか**

この方法がわからなければ本当に抜けるのか、腑《ふ》に落ちないかもしれません。

でもこれらはすべて「テクニック」であり、「ロジック」を実現する道具にすぎません。

これらの疑問にはテクニック編でお答えすることとして、もう少し99％抜くためのロジックについて考えていきましょう。

SECTION

06

ディフェンスのアクションにどんな選択をするべきか

▼ディフェンスが足を出してきた場合の対応

これまでの内容を読んでいただいたら、ディフェンスの足がギリギリ届かない距離を迂回して、勝てる角度までボールを運んで抜いていく、ということはおわかりいただけたかと思います。一方で、「ディフェンスが距離を詰めてきたらどうするの？」「ディフェンスが足を出してきたら？」という疑問が浮かんでくるはずです。これまで紹介したディフェンスは一歩も動いていませんからね。

でも大丈夫です。

「99％抜けるドリブル理論」は、ディフェンスがどんなアクションをしてきても関係なく成立します。

まず、詰めてくる相手に関しては、詰めてきた分だけ下がってディフェンスの足がギリギリ届かない距離を保つ、あるいは角度をずらして「勝てる角度」にもっていくことで対応できます(図6参照)。逆に、ズルズル下がって守る相手ならラッキーです。その分詰めよって、相手ゴールに近づきながらディフェンスの足がギリギリ届かない距離を保てば、自《おの》ずとチャンスが広がります。

一方、ディフェンスの足がギリギリ届かない距離を迂回中にディフェンスの足が伸びてきたらどう対応するか。結論から言えば、そもそもディフェンスの足がギリギリ届かない距離にいるので即座にボールを失うことはないので大丈夫です。むしろ足を出してきたときが

図6　ディフェンスが距離を詰めてきた場合

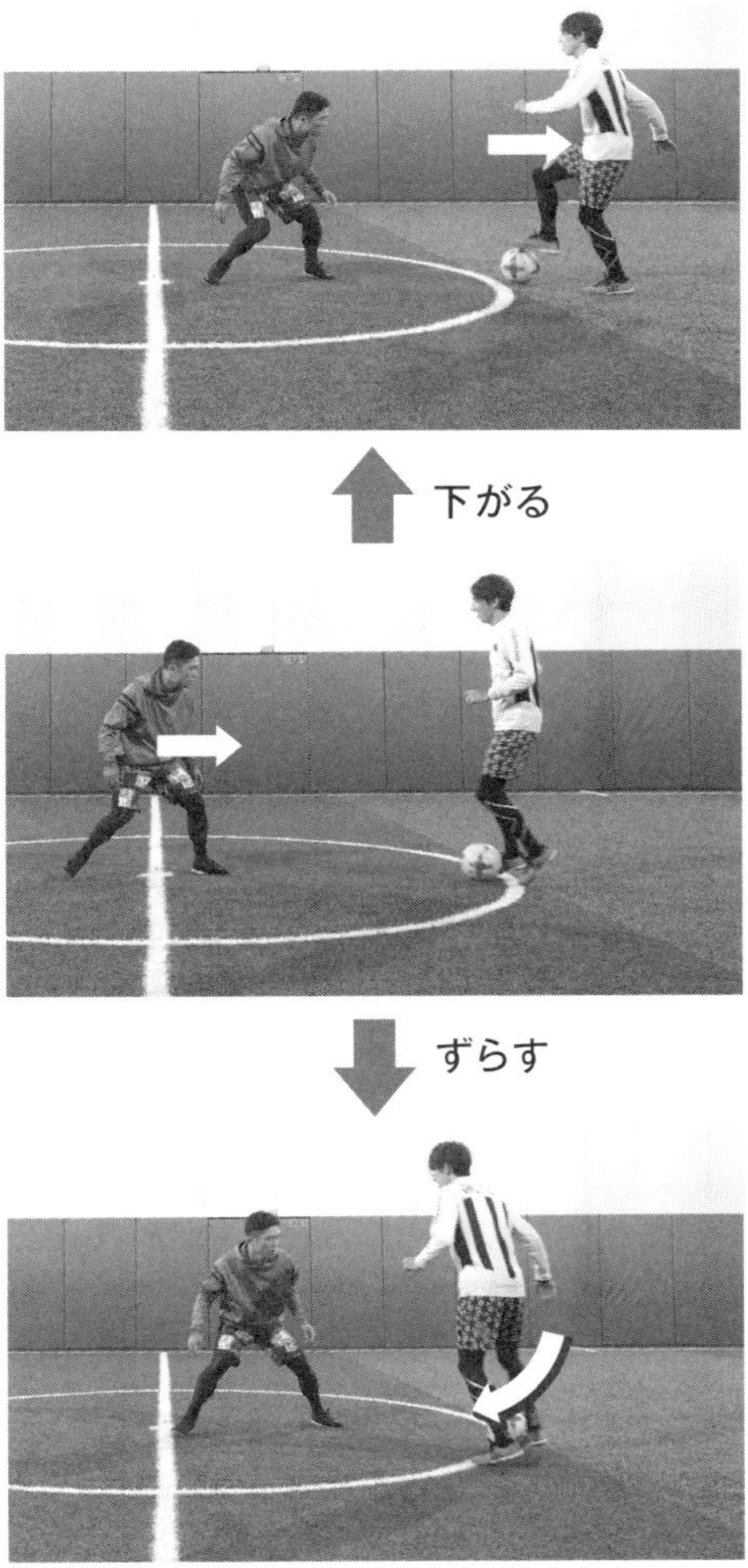

ディフェンスが詰めてきた分だけ下がってディフェンスの足がギリギリ届かない距離を保つ。

角度をずらして「勝てる角度」にもっていく。

チャンス。その場で抜きさる絶好機だととらえましょう。

ただし、足を出してくる＝ディフェンスは急接近してきているため、そのチャンスを逃したままにすると、ボールを失うリスクがあるので、機を逃さずに抜きさることが大切です（ここが一番むずかしいかもしれませんね）。

では、どのようにしてディフェンスのアクションに対応するか。状況別にわけて考えてみましょう。

（例1）ディフェンスが動かない場合

これまで解説して来た設定「1歩も動かないディフェンス」です。このケースは意外と多く、とくにオフェンスがドリブラーの場合によくあります。うかつに飛びこむとかわされてしまうため、待つことであえて時間を稼《かせ》ごうとするパターンです。この場合は前述の通り、迂回して勝てる角度にもっていって「ヨーイドン」の縦ドリブルで抜きさるようにします。

（例2）ディフェンスが全力で足を投げ出してくる場合

これは一発で完全にボールを奪い切ろうとする、気迫に満ちたディフェンスのパターンです。海外リーグでしのぎを削《けず》る屈強なディフェンスの選手にもっとも多いパターンかもしれません。かなりのプレッシャーにさらされますが、そもそもディフェンスの足がギリギリ届かない距離にいるので大丈夫です。そんなときはわずかにボールの位置をずらすダブルタッチで、カウンターの形で抜きさるようにします。

もちろんディフェンスの足がギリギリ届かない距離を見誤り、届く範囲内に入ってしまうと、ボールは奪われますので、この距離感をしっかり体に定着させておくことが重要です。

（例3）例1でも例2でもない中途半端なプレスの場合

ハイレベルな試合ではあまりみられないディフェンスのパターンです。というのも、この中途半端なプレスの狙いは、「プレッシャーでオフェンスの自分のミスを誘発《ゆうはつ》すること」だからです。質の高い選手は自分のミスでボールを失う（P19ボールを失う①のケース）ことはほとんどありませんから、ハイレベルな世界ではあまり見られない、というわけです。

実際このようなプレスが来た際には、その機を見逃さず幅を広く使ったダブルタッチでかわしていきます。幅が広い分、難度は上がりますが、こちらのミスに期待したディフェンスは中途半端にしかプレスしてこないので、ゆとりをもって駆け抜けることができるはずです。


このように列挙《れっきょ》してみると、理想論ではありますが、「ディフェンスが足を目一杯投げ出してもギリギリ届かない距離」を保ててさえいれば、必ず抜けるということがわかると思います。しかし、絶え間なく変化する状況の中で、適切に判断できるだろうか、緊張でミスをしてボールを失わないだろうか、反応が遅れてボールを奪われないだろうか、と不安になるかもしれません。それでも僕はこの「99%抜けるドリブル理論」を、ただ知っておくだけで、

図7　ディフェンスのアクション例

■ディフェンスが動かない場合（例1）

迂回しながら絶対に勝
てる角度にもっていく

POINT

ディフェンスの目的は時間稼ぎなので足は出してこない。円状に迂回して「絶対に勝てる角度」までもっていく。

■ディフェンスが全力で足を投げ出してくる場合（例2）

わずかにボールの位置をずらす
ダブルタッチでかわす

POINT

ギリギリ足が届かない距離にいるので大丈夫。プレッシャーはあるが、カウンターの形で抜きさる。

■例1でも例2でもない中途半端なプレスの場合（例3）

プレスをかけてきたら
ダブルタッチでかわす

POINT

ディフェンスの狙いはミスを誘発すること。中途半端なプレスが来た際には、その機を見逃さず幅を広く使ったダブルタッチでかわしていく。

これらさまざまな状況に対応する判断力が大幅にアップすると信じています。

実際のところ、無数にあると思われるディフェンスとの対峙のパターンが、僕の理論ではたった3つまで絞《しぼ》られたのです。選択肢は3つしかないので、対応に迫《せま》られたときは、あわてることなく状況に応じて対応すればよいのです。

とはいえ、適切な判断ができるようになるには、練習も実戦経験も必要です。

そして何よりもメンタル。強いメンタルなしには、ロジックを実現するテクニックをもっていても、試合中にドリブルで99%抜くことはむずかしいでしょう。

そこでみなさんのメンタルを強化する、魔法の方法を紹介します。

▼「Not10ゲーム」でメンタル強化

パーソナルトレーニングではメンタル強化法として必ず実施しているゲームがあります。メンタル強化法としてはいますが、実は有名なゲームで、ご存知の方も多いかもしれません。

「Not10ゲーム」といいます。ルールは、

- 2人で交互に数字を言い合う
- 1回に言える数字は3つまで
- 1から順に数字を積み上げ、10を言った方が負け

です。

実際にやってみるとわかると思いますが、このゲームには必勝法があります。それは先手を取って「1」を言うこと。逆算して考えることで、その勝利の仕組みが見えてきます。まず「10を言ったら負け」のゲームなので、「9を言えた時点で勝ちになる」というのは、すぐに理解できるでしょう。

そして、「9を言えた時点で勝ちになる＝5を言えた時点で勝ちになる」と気づくことが、このゲームの最大のポイントです。5を言うことができた時点で、相手が言えるのは「6」か「6、7」か「6、7、8」となります。それに対して、こちらは「9を言えば勝ちになる」

■「1」を言えればどんな数字を言われても「5」で終わることができる

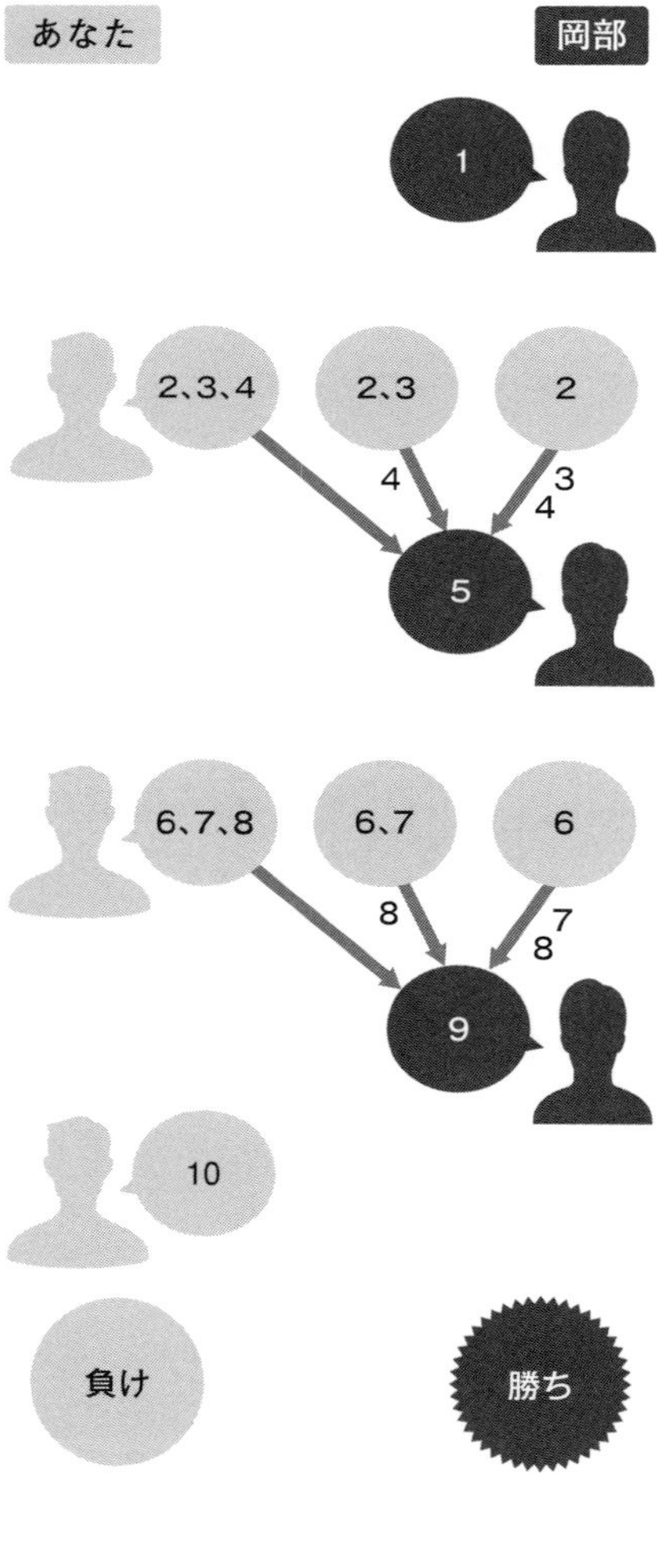

ので、「7、8、9」か「8、9」か「9」と言えばよいのです。つまり「5を言えた時点で9を言える」ということがわかります。

同じ要領で「5を言ったら勝ち＝1を言ったら勝ち」となるので、先手を取って「1」を言うことが必勝法になるのです。つまり先手を取って仕掛けることが、勝利の絶対条件です。

決して相手の出方を待たず、自ら仕掛ける。

このメンタルはドリブルにおいても勝利の絶対条件。自ら仕掛ければ、ディフェンスはリアクションを迫られます。自分から引き出したリアクションに対しては、積極的に反応しやすいものです。

そして「Ｎｏｔ10ゲーム」は、その細部までドリブルと共鳴しています。

たとえば、勝利が決まる直前の「5を言えた時点で相手が言えるのは6か6、7か6、7、8」だけピックアップして考えてみましょう。

岡部が5と言うと、相手が言えるのは「6」か「6、7」か「6、7、8」です。

「相手はどんなに言い切っても9には届かない」状況ですね。

この状況は、何かに似ていると思いませんか。

そうです。これが前述の、間合いにおける距離、つまり「ディフェンスが足を目一杯投げ出してもギリギリ届かない距離」と全く同じなのです。

相手のリアクションへの対応を照らし合わせながら、次の3つの勝ちパターンを考えてみましょう。

（A）
相手が「6」を言う⬇【状況】動かないディフェンス
岡部が「7、8、9」⬇【対応】迂回して駆け抜ける

（B）
相手が「6、7、8」を言う⬇【状況】足を目一杯投げ出してくる
岡部が「9」⬇【対応】わずかにずらしてかわす

（C）
相手が「6、7」を言う【状況】（A）でも（B）でもない中途半端なプレス
岡部が「8、9」⬇【対応】幅を広く使ったダブルタッチでかわす

このように、ドリブルで対峙している状況と見事に一致するのです。つまり、自分から「1」を言う（「5」を言う）＝自ら仕掛けて「相手はどんなに足を伸ばしてもギリギリ届かない距離」に到達する。それさえできれば、「必ず勝利できる＝ドリブルで99％抜ける（自分のミスの可能性が残り1％）」ということにつながるのです。

図8 「Not10ゲーム」とドリブルの関係

〈Not10ゲーム〉

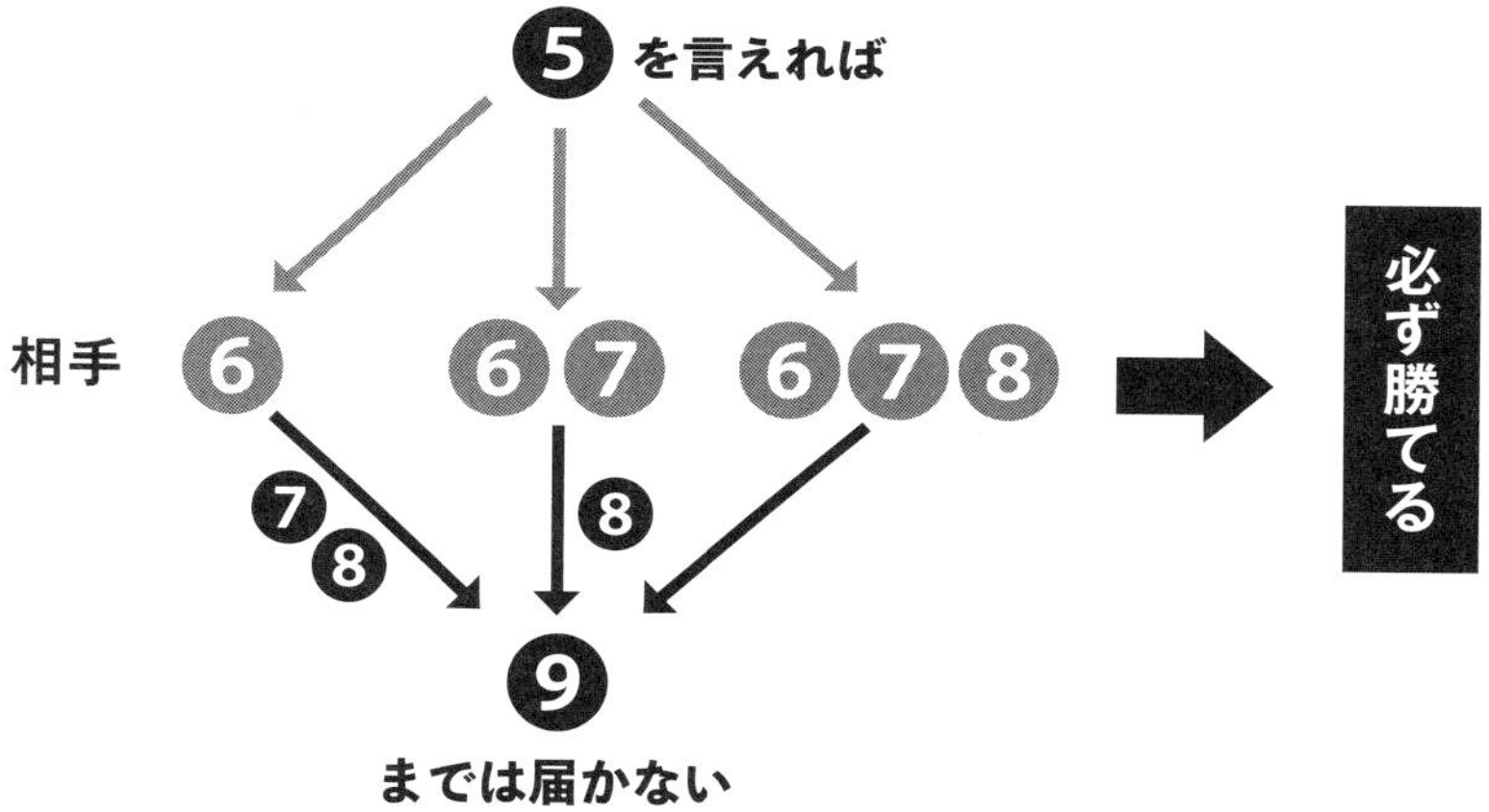

〈ドリブル〉

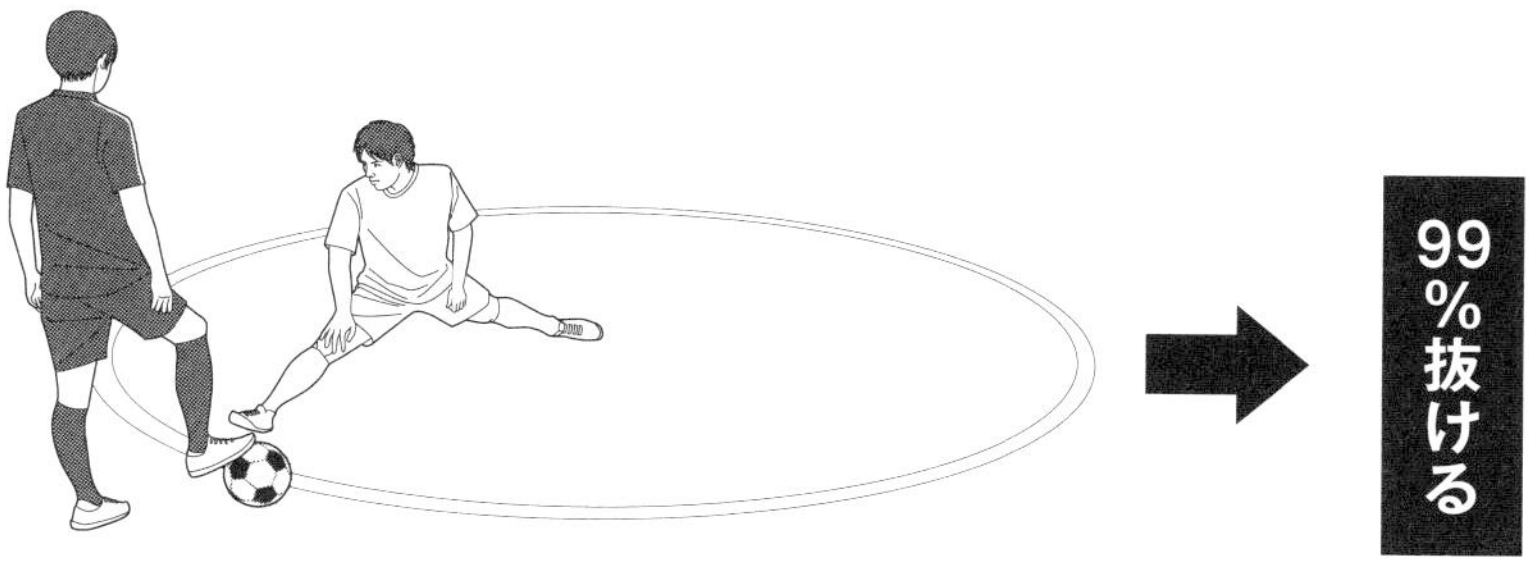

相手が足を目一杯投げ出しても届かない距離を保っているので、
ディフェンスがどんなアクションをしてきても対応できる。

▼アクションドリブルとリアクションドリブル

僕はこの必勝の条件となる、自ら仕掛けるドリブルを「アクションドリブル」と呼んでいます。ディフェンスが誰であれ自ら仕掛けにいく、アクションを起こす、ということです。逆にボールをさらしたり、キープしたりして、相手の足を誘いカウンターで抜くドリブルを「リアクションドリブル」と呼んでいます。

「リアクションドリブル」自体は高度なテクニックを必要としますし、ハイレベルな世界にもこのスタイルのドリブラーはいます。しかし、リアクションドリブルには必ず限界が来ます。ディフェンスが足を出してくれることが抜くための条件なので、「カウンターで抜く＝リアクション」がなければ抜けないという致命的欠点があるからです（抜けるか抜けないかは相手次第）。

足を出さずに待っているディフェンスの時間稼ぎにつかまってしまっては、試合の流れを止めてしまい、そもそもの目的である「チームの勝利」に貢献できません。自ら仕掛けるアクションドリブルこそが、トップレベルでも通用するドリブルスタイルです。動かないなら問答無用で抜いていく（抜けるか抜けないかは自分次第）。そんな積極的で強いメンタルこそが99％抜けるドリブルの原動力であることを「Ｎｏｔ10ゲーム」の必勝法から感じ取ってもらえたらと思います。

図9　アクションドリブルとリアクションドリブル

■アクションドリブル

自分から積極的にディフェンスに仕掛けていくドリブル。

■リアクションドリブル

相手ディフェンスのアクションに反応して行うドリブル。

ここまで「99％抜けるドリブル理論　ロジック編」のすべてをお伝えしました。この内容は僕が「ドリブルをデザイン」するときの根本的な考え方で、誰に対してデザインするときも決してブレることのない軸です。ですから、日本全国を回ったときも、プロ選手にパーソナル指導を行ったときも、そして僕自身がドリブルで抜くときも、このロジックをすべて実行しているだけなのです。

では実際に、このロジックを基に選手の「ドリブルをデザイン」したことで、その選手のドリブルはどう変わったのか。僕は「デザイナー」ですから、自分自身がどうであるかよりも、デザインした選手や対象がどうなったかが僕の評価につながります。

ありがたいことに、これまで数多くのプロサッカー選手のドリブルをデザインさせてもらう機会に恵《めぐ》まれています。そのなかでも、２０１８年６月のロシアワールドカップで大活躍した乾貴士選手と原口元気選手は、僕のキャリアの中でも光り輝く存在です。彼らのドリブルの中に「ロジック」がどう活かされたのか、僕なりに考察していきたいと思います。

CHECK POINT

ここまでのおさらい

POINT 1

円状に迂回する

■円状に迂回して「距離」はそのままに「角度」だけを変えていく

■できるだけディフェンスの足が届く範囲に侵入しない

POINT 2

ドリブルは縦ありき

■スプリントのフォームに近い縦ドリブルが最速かつ最善のドリブル

■縦ドリブルを磨くことでカットインも活きてくる

POINT 3

「99%抜けるドリブル理論」は
ディフェンスのどんな対応も回避できる

■ディフェンスのリアクションは大きくわけて3種類

■ディフェンスの足がギリギリ届かない距離にいれば、どんなアクションにも対応可能

■自分から仕掛けるアクションドリブルが必勝の条件

COLUMN

DESIGN PLAYER

01

天性のドリブラー

乾貴士選手

2018年6月のロシアワールドカップで、乾選手はセネガル戦、ベルギー戦と計2ゴールを決め、日本代表躍進《やくしん》の原動力となりました。僕は幸運にもワールドカップ直前の2018年1月、スペインの地で乾選手に「99%抜けるドリブル理論」を伝え、ドリブルをデザインさせてもらう機会に恵まれました。

ドリブルデザイナーの仕事は、選手一人ひとりの個性に合わせて、ドリブルで抜けるようにデザインすること。まずは乾選手の個性を把握《はあく》するため、直近の乾選手のプレーを解析《かいせき》しました。そこへ「99%抜けるドリブル理論」を当てはめ、現段階でワールドクラスである乾選手をさらにトップに押し上げるためにどんなデザインができるかを考えました。

もともと乾選手は、カットインの能力が突出していました。カットインへいく角度が他の選手よりも深いというのが、彼の持つ個性です。これはまさにワールドクラスの能力で、あえてここで述べなくてもご存知の方は多いと思います。しかし、だからこそワールドカップの舞台では、マークにつくディフェンスはその情報を織りこみ済みで、カットインへのルートだけは確実にふさいでくるのではないか。その仮定を基に、あえて乾選手には得意なカットインではなく、縦ドリブルをデザインさせてもらいました（前述のロジック、ドリブルは縦ありきに沿《そ》って考えた結果でもあります）。

世界的なプレーヤーである乾選手に、僕の考えがどれくらい役に立てたのかはわかりませんが、ワールドカップでの乾選手の積極的な仕掛けは際立《きわだ》っていたと思います。

とくにコロンビア戦の左サイドでの縦ドリブルはものすごいインパクトでした（実際ディ

図10　乾貴士選手がロシアワールドカップでドリブルを仕掛けた回数

一般的なアタッカーがドリブルで仕掛ける回数は、1試合平均3～6回。
乾選手の14回はネイマール選手と同じくらいの数である。

■対戦国：コロンビア

[ドリブルで仕掛けた回数]
14回（前半5回、後半9回）

[ドリブル成功率]
64.28％（9/14）

[ドリブルで仕掛けたエリア]

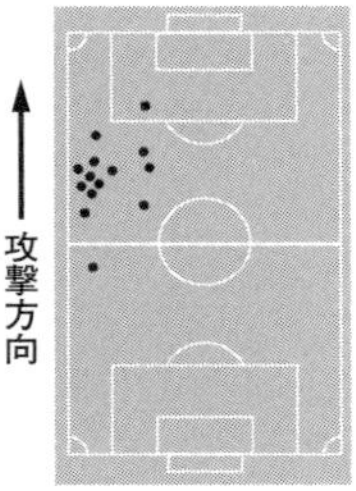

■対戦国：セネガル

[ドリブルで仕掛けた回数]
7回（前半2回、後半5回）

[ドリブル成功率]
85.71％（6/7）

[ドリブルで仕掛けたエリア]

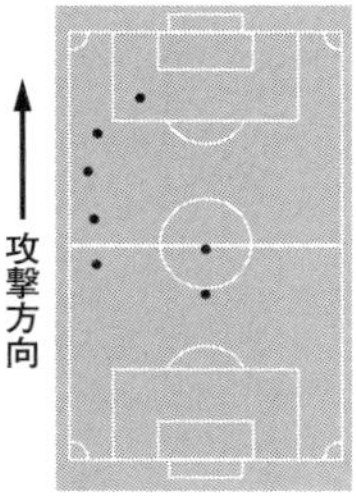

■対戦国：ベルギー

[ドリブルで仕掛けた回数]
7回（前半2回、後半5回）

[ドリブル成功率]
71.42％（5/7）

[ドリブルで仕掛けたエリア]

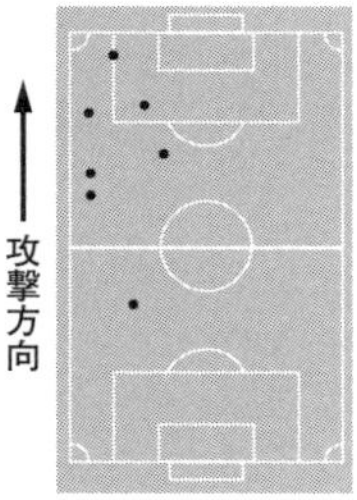

※ドリブルで仕掛けた回数はディフェンスと対峙したときの数をカウント。ディフェンスと対峙していないときのドリブルはノーカウントとする。

フェンスはファールで止めざるをえませんでした)。この縦ドリブルはディフェンスに強く刻みこまれたに違いありません。こういったプレーの積み重ねが、ディフェンスを縦に寄せ、自ずとカットインへの道を開く結果につながったのです。

そして乾選手はセネガル戦、ベルギー戦で計2ゴールを決めました。

まず何よりシュートが素晴らしく、最高のコースに力強く打てたシュート能力の高さが最大の要因だったと思います。しかし、この得点には、それまで積み上げた「縦ドリブル」が布石になっていた可能性もあります。

ともに得意なカットインからのシュートで、ディフェンスは警戒していたはずです。それでも何度もくり出された乾選手の縦ドリブルが刻まれていたため、ディフェンスは縦への警戒を解くことができなかった。その結果カットインへの対応が遅れ、シュートを止めることができなかったと僕は考察しています。

縦ドリブルを磨いておけば、カットインはいつでもできる。

あの2ゴールはそう物語っていると感じています。

COLUMN

DESIGN PLAYER

02

柔軟性を活かしたドリブラー

原口元気選手

原口元気選手も乾選手とならび2018年ロシアワールドカップの立役者です。ベルギー戦の先制ゴールは日本中を沸《わ》かせました。あの瞬間の喜びは今でも覚えている方も多いのではないでしょうか。

柴崎岳選手からの素晴らしいスルーパスを受け、ワンフェイントからファーへシュートを突き刺しました。あのフェイントなしではシュートブロックにあっていたはずで、瞬時に判断しワンフェイントを入れられる余裕と視野の広さ、そして何よりメンタルの強さは、彼が生粋《きっすい》のドリブラーである象徴です。

原口元気選手のドリブルをデザインさせてもらったのは2017年の7月。いまや日本代表に定着した、まさにトッププレーヤーですが、原口選手にも同様に、「99%抜けるドリブル理論」のロジックを伝えさせてもらいました。

彼のドリブルをデザインしていくなかで、ある驚きと発見がありました。

僕の理論はディフェンスを抜くために、「ディフェンスが足を目一杯投げ出してもギリギリ届かない距離」を保ちながら円状に迂回し、「ヨーイドンで勝てる角度」へ忍びこむことがすべての基本です。

ところが原口選手は、「ディフェンスが足を目一杯投げ出してもギリギリ届かない距離」ではなく「ディフェンスが足を目一杯投げ出してもギリギリ届く距離」で勝負できるのです。

この距離にいると99%抜くことがむずかしくなります。僕の理論は、体に触れられずに抜くことが前提で、この場合は体もボールもディフェンスに触れられるリスクにさらされるからです。プロ選手であればコントロールでボールに触れられることは回避できるかもしれませんが、体をつかまれたり、当たられたりすることは避けられません。ところが原口選手はディフェンスにつかまれてもバランスをくずすことなく走り続けられる。

身長178cm、体重68kgの体は、確かに小柄な僕よりもずっと屈強ではありますが、世界的に見たら大柄とは言えないはずです。彼のプレーを解析した結果、力ではねのけているわけではありませんでした。

その秘密は「上半身の柔らかさ」にあったのです。

腕が後ろかつ逆側に回っても（手を後ろに回されて関節をきめられるイメージ）、前を向いたままバランスを保てる柔軟性があります。これは「外から受けた力をいなす」ことができる能力で、ディフェンスにとっては脅威です。

たとえば、目の前をヨーイドンでドリブルするオフェンスがいたとしましょう。ボールはすでに飛び出していて、ディフェンスは、直接オフェンスの体を止めにいきます。通常、体を当てたり手で阻止《そし》したりします。ところが原口選手の場合、体を当てても、仮に相手の肩をつかんでも、引っかかりがなくスルリと抜けられてしまうのですから。

これだと、僕のロジックに当てはまらないのでは、と思う方もいるかもしれません。

しかし僕の理論は「誰でも99%抜ける」ためにつくられていますが、こういった「個性」を否定するものではありません。

原口選手の場合は、「ディフェンスが足を目一杯投げ出してもギリギリ届かない距離」が、

図11　ロジックの間合いと原口元気選手の間合い

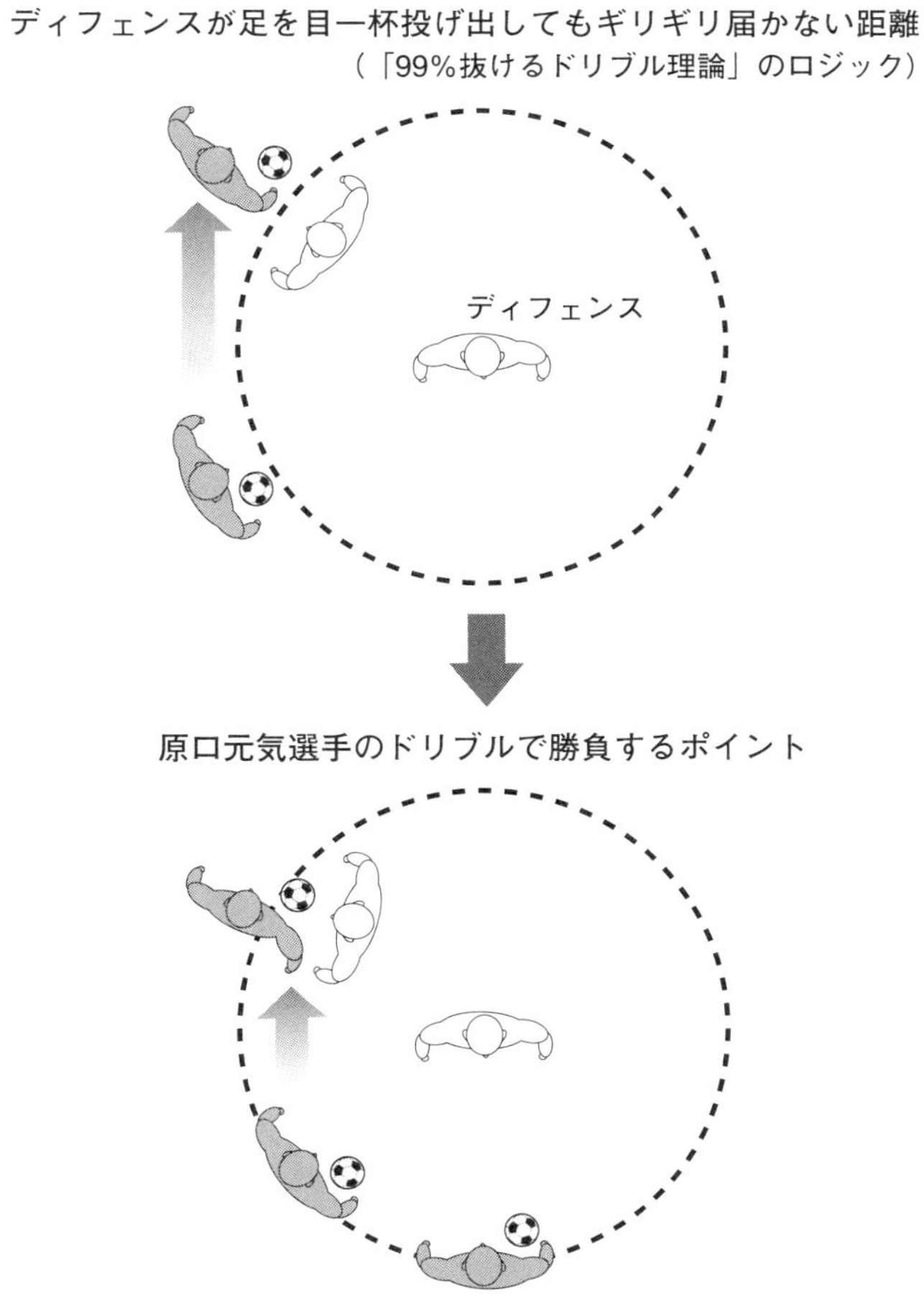

原口元気選手の場合は、「ディフェンスが足を目一杯投げ出してもギリギリ届かない距離」が、「ギリギリ振り切れる距離」に置き換わるだけ。これによってディフェンスとの距離は少し縮まり、よりチャンスが広がって決定機をつくりやすくなる。原口選手の特異的な柔軟性がこれを可能にしている。

「ディフェンスに触れられてもギリギリ振り切れる距離」（少しだけ距離が近くなる）に置き換わるだけなのです。

これによってディフェンスとの距離は少し縮まり、よりチャンスが広がって決定機をつくりやすくなる、というわけです。

とはいえ、ディフェンスに触れられずに抜くに越したことはありません。

これらを踏まえ原口選手にお伝えしたことは、「ディフェンスが足を目一杯投げ出してもギリギリ届かない距離」を知ったうえで、「ギリギリ振り切れる届く距離」と使い分けること。ディフェンスに触れられない抜き方を基本とし、応用として触られてでも抜く形があります。

「リスクとリターンを天秤《てんびん》にかけ、場合によってはディフェンスの届かない距離をローリスクで抜いていく。そんな選択をすることで、トータルで抜ける確率を上げ『99％抜ける』に近づけていきましょう」

これが僕の原口選手に施《ほどこ》したドリブルのデザインです。

第2章

「99%抜けるドリブル理論」

―テクニック編―

SECTION

01 ▼テクニックの習得手順

▼逆算的思考でテクニックに落としこむ

99%を抜くためのロジックは、「絶対に抜ける間合いに忍びこむ」です。具体的には、ディフェンスが届かない距離を保ちながら、円状に迂回して「ヨーイドン」で勝てる角度まで忍びこむ、でした。

第2章からは、前章で説明した「タネ＝ロジック」を、「手さばき＝テクニック」でどう実現するかを解説していきます。これまで述べてきたロジックは、こうすれば抜ける、という最高の理想形を描いてきたものにすぎません。ですから、みなさんにはこんな疑問が浮かぶのではないでしょうか。

- **どうやってディフェンスの届く範囲を見極めるのか？**
- **どうやって円状に迂回するのか？**
- **勝てる角度から「ヨーイドン」する方法とは？**

ロジックを絵に描いた餅《もち》にしないためにも、ここからこれらの疑問を解決する手段＝テクニックを紹介していきます。しかし、ここで述べるテクニックは、僕自身が経験的に身につけたもので「絶対に正しい」という確証があるわけではありません。確かに、これまで僕はテクニックを用いて5000人以上のディフェンスを抜いてきましたが、もっと正しい方法がほかにあるかもしれません。つまり、**ロジックが実現さえできれば、手段（テクニック）は問わない**、ということです。

とはいえ、僕がもっとも効率的と考えているボールタッチや体の使い方を紹介していきますので、まずはこれらを実践して、自分のものにしてみてください。少なくとも決してフィジカルが強くない僕がドリブルで無《む》双《そう》してきたテクニックです、きっとみなさんのお役に立てるはずです。

はじめに、先ほどあげた疑問の中で、〝勝てる角度から「ヨーイドン」する方法は？〟という疑問について考えていきたいと思います。

ドリブルの順序として、「ヨーイドンで抜けていく」は最後のステップのはずなので、順序が逆では？　と思うかもしれません。

確かにドリブルの順序は、**ディフェンスが届かない位置にいく→円状に迂回する→ヨーイドン**です。でも僕は逆算します。

まずヨーイドンでかわすことからはじめるのです。

理由は大きくわけて3つ。

①結果に直結するから
②モチベーションが上がるから
③「ヨーイドン」単体で成立するから

それぞれについて解説していきます。

▼「ヨーイドン」から始める理由

①結果に直結する

確かに流れとしては、ディフェンスが届かない位置にいく→円状に迂回する→ヨーイドンですが、「ヨーイドン」でミスをしたらこれまでの動作は台なしです。ディフェンスを抜く、という目的を達成するのに「ヨーイドン」を成功させることは必須です。

ゴルフでたとえるなら「ヨーイドン」は「パット」です。1オンしてもパットに5打かかってしまっては、目も当てられません。まずは確実に「ヨーイドン」を極めておくことが「99%抜ける」という結果に直結します。

②モチベーションが上がる

「ヨーイドン」は最強の武器だと思っています。これを覚えると、「ドリブルで抜く」という感覚が実感できます。

とくに「これまでドリブルで抜けなかった」という人は、まったく違う世界が見えてくるはず。すると、せっかく「ヨーイドン」を極めたのだから、その前の動作もぜひ極めたい、という気持ちになるでしょう。前述のゴルフの例に戻ってしまいますが、99%の確率でパットをカップにしずめられるなら、ドライバーやアイアンを練習する意欲も変わってくるはずです。ドリブルも同じです。まずは「抜く」という感覚を覚えることからはじめましょう。

③「ヨーイドン」単体で成立する

実はこれが一番大きいかもしれません。

ロジック編で述べた「絶対に勝てる間合い」は、**ディフェンスとの距離をはかり、迂回しなければたどり着けない場所**ではないからです。パスを受けた瞬間、すでに「絶対に勝てる間合い」にいることも十分ありえるのです。

たとえば、オフ・ザ・ボール（ボールをもっていないあいだの動き）で、「絶対に勝てる間合い」にいてパスを受けることができれば、トラップした直後に「ヨーイドン」すれば必ず抜くことができます。もちろん前述のイニエスタ選手のように味方を使ってつくり出すことも可能です。

どんな形であれ、せっかく「絶対に勝てる位置」にいるのに「ヨーイドン」が出せないのはもったいない話です。「ヨーイドン」単体でドリブルで抜くことができるのですから、まずは、ここから始めない手はありません。

前置きが長くなりましたが、次は実際に「ヨーイドン」でディフェンスを抜きさるテクニック「ササクレタッチ」を紹介していきます。

SECTION

02

「ヨードン」の形で行う「ササクレタッチ」

▼ササクレでボールを「蹴る」のではなく「運ぶ」

「ヨーイドン」の際に用いるテクニックを「ササクレタッチ」と呼んでいます。ササクレというのは、爪《つめ》の甘皮を指す言葉ですが、ここでは足の親指の爪の、付け根あたりをササクレと呼び、そこを使ってボールタッチすることを「ササクレタッチ」と呼んでいます。

「ササクレタッチ」は縦ドリブルの基本です。最高速でドリブルをするためには、「ササクレタッチ」が絶対に必要で、「99％抜けるドリブル理論」のなかでもっとも重要なテクニックです。

そう言い切れるほど、僕はこのテクニックを伝家の宝刀として使っています。「ササクレタッチ」は図12で示すように、足の親指の付け根の側面で行います。

その部分でボールを「蹴る」のではなく「運ぶ」ようにタッチします。

このとき、決してインステップは使いません。インステップで蹴ってしまうと、体からはるか遠くにボールが飛んでいく可能性があり、ボールを奪われてしまうからです。そこで、運ぶボールタッチを実現するために、ササクレを使います。体とボールが離れないようなボール運びをササクレが可能にします。

そして、同時に大切なことは「スプリント」です。

ロジック編で「ドリブルをスプリント速度に限りなく近づけていくことが、自身最速のドリブルへの道」だと説明しました。

図12 「ササクレタッチ」の位置

「ササクレタッチ」は縦ドリブルの基本。足の親指の爪の、付け根あたりでボールタッチをする。

POINT

ササクレの場所は足の横（インサイド）ではなく、右図の部分のように足の親指の爪の、付け根あたり。ササクレの部分でボールを「蹴る」のではなく「運ぶ」ようにタッチする。

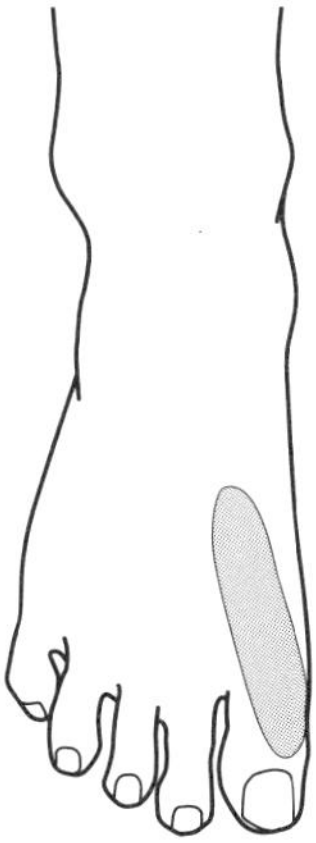

ドリブルを限りなくスプリント速度に近づけたい。そう思うと、どうしてもボールタッチがジャマになってきます。ボールタッチがなければもはやドリブルではないのですが、ボールタッチさえなければ、フルスピードで走れますよね。だからこそ、ボールタッチの存在感をできるだけ消していく、この考え方がとても大切です。

「ボールタッチしながらスプリント」ではなく、「スプリントのついでにボールタッチ」というイメージです。そうです、ボールタッチはついでです。

一方で、このボールタッチは究極といっていいほど繊細《せんさい》で、プロ選手も苦労するほどです。「ついで」と表現しましたが、実はかなり奥が深いタッチなのです。

ここからは非常に細かい内容になりますが、僕愛用の伝家の宝刀を身につけるために、ぜひ読んでいただければと思います。

▼基本は「ヨーイドン」の形

「ササクレタッチ」はヨーイドンで飛び出すときのフォームそのままに行います。それがもっとも加速できますし、「スプリントのついでにボールタッチをする」のだから当然です。

一番重要なことは、両足とボールの位置関係。「ヨーイドン」のフォームをつくった状態から、前に置いている足を「軸足」、後ろに置いている足を「蹴り足」としたとき、どこにボールを置くべきか。

図13 「ヨーイドン」の形で行う「ササクレタッチ」

軸足の後ろ、蹴り足の近くにボールを置く。

▼

全力でスタートダッシュをかける「ついで」に「ササクレ」でボールタッチして縦に抜けていく。

▼

「ササクレタッチ」後は自然なフォームで走ってディフェンスを置きざりにする。

答えは**「軸足よりも後ろにボールを置く」**です。さらにいえば**「蹴り足に近づける」**のが理想です。

図13の写真は僕のササクレタッチのなかでも、かなり軸足にボールを近づけたケースです。そしてこのまま全力でスタートダッシュをかける「ついで」に「ササクレ」でボールタッチします。このときボールを「軸足よりも後ろに置く」ことと「蹴り足に近づける」ことにそれぞれに意味があるので解説します。

①ボールを「蹴り足に近づける」ことの意味

「ヨーイドン」から急激に加速した状態のなか「ついで」にボールタッチするのが、「ササクレタッチ」です。ところがこれを実践してみると、ボールがどこかに飛んでいってしまう方もいるのではないでしょうか。

これは、強く加速した状態でボールを強く「蹴って」しまうときによく起こる現象です。大切なことは、「ササクレタッチ」は「蹴る」のではなく、あくまで「運ぶ」イメージで行うこと。

では、どんなときに「蹴って」しまい、どうすれば「運ぶ」ことができるか。

決め手となるのは、ボールタッチする瞬間の足の速度です。「ヨーイドン」で加速する場合、足の速度はスタートから近い場所はまだ遅く、離れていくほど高速になっていきます。そして、高速でボールタッチすると「蹴って」しまい、低速のうちにボールタッチができれば「運ぶ」ことができる。

つまり、足が加速しきる前にボールに触れればいいのです。そのためには、蹴り足がボールの近くになくてはいけません。

整理すると、ボールを「蹴り足に近づけること」で、加速しきる前にボールに触れられるので、ボールを「蹴らず」に「運ぶ」ようにコントロールできるようになる、ということです。

②ボールを「軸足よりも後ろに置く」ことの意味

図14のように、ボールに対して軸足が先導するフォームを「軸足リード」と呼んでいます。「軸足リード」の形から「ササクレタッチ」をくり出すと、運ぶタッチができるだけでなく、「ササクレタッチ」した足はより遠くに着地することができる利点があります。つまり「軸足リード」は、縦方向へ大きく踏み出すためのジャンプ台的な役割を果たすということです。

「軸足リード」をするとしないとでは、「ササクレタッチ」後の1歩の差は1m以上開き、加速の度合いも雲泥《うんでい》の差が生まれます。

また、この「軸足リード」には「より角度の深いところへ忍びこむ」テクニック的要素が含まれています。「絶対に勝てる角度への忍びこみ方」は次の項で解説しますが、この「軸足リード」自体に忍びこみの要素があるので、ここで解説しておきます。

図14　軸足リード

■「軸足リード」とは

ボールに対して軸足が先導するフォームを「軸足リード」と呼ぶ。「軸足リード」をするとしないとでは、「ササクレタッチ」後の１歩の差は１m以上開き、加速の度合いも大きな差が生まれる。

■「軸足リード」でより深い角度へ忍びこむ

POINT
軸足はボールより半歩前に出ているので、この時点ですでに半歩分、より深い角度へと忍びこめていることになる。

▼「軸足リード」でより深い角度へ忍びこむ

第1章では、「間合い」の「角度」について考えた項目で「ディフェンスはボールとゴールの間に立つことで成立する」と触れましたが、ここでは、そのセオリーを逆手に取ります。

たとえば、「軸足リード」でボールを運んでいるオフェンスに対し、ディフェンスがセオリー通りに守るならば、ボールとゴールを結んだ直線上に立つでしょう。しかし、軸足はボールより半歩前に出ているので、この時点ですでに半歩分、より深い角度へと忍びこめていることになるのです。

このテクニックは実戦でとても重宝します。縦ドリブルで抜きさった後、ディフェンスが「アレッ、なぜ抜かれたんだろう」となるほど、こっそり忍びこめるのです。セオリーが通用していない、とディフェンスを動揺させる効果もあります。また、縦ドリブルを恐れて、体とゴールの間に立とうものなら、カットインへの道が開けます。

とにかく「軸足リード」は「ササクレタッチ」とセットになる、ロジックを実現するための必須テクニックですので、ぜひマスターしてほしいと思います。

この「軸足リード」は、知らず知らずのうちに使っていた方も多いかもしれません。しかし、「加速のため」「忍びこむため」という意味を理解したうえで行うと、さらに威力は増し、強力な武器になるでしょう。

また「ササクレタッチ」も使っている方がいるかもしれませんが、ここまで磨き上げた人はほとんどいないと思います。

「ササクレタッチ」は、僕がここまで抜けるようになった、最大の要因であり、最強の武器でもあります（ウサイン・ボルト選手が「ササクレタッチ」を身につけたら、文字どおり世界最速だったはずです）。

自分の走りの力を引き出す「軸足リード」と「ササクレタッチ」。スプリント速度に限りなく近づけることにこだわって、磨き上げてください。

次の項では、どうやって円状に忍びこむか、について解説していきます。

SECTION

03 ▼絶対に勝てる角度をつくり出す

▼多角形を描いて迂回する

「絶対に勝てる間合い」に忍びこむ。その手段が「円状に迂回する」です。

これは、ディフェンスとの距離を保ったまま、角度だけを変化させて勝てる角度まで忍びこんでいくテクニックです。

実際には、円状にボールを動かすことは不可能です、ボールは基本的に直線上にしか転がらないので、タッチ数を増やして多角形を描きながら、「円に近づける」ことしかできません。

だから、細かくタッチして、できるだけ円に近づけながら迂回します。

また、細かくタッチする理由は「円に近づける」ためだけではありません。

なぜなら、ディフェンスが足を出してくるかもしれないからです。

「Ｎｏｔ10ゲーム」で述べたように、ディフェンスが「６、７、８」と来たら、チャンスを逃さず「９」という＝ダブルタッチでカウンターを出さなければいけないわけです。だから細かいタッチで、急な事態にも対応できるようにしておくことが求められます。

円状に迂回している途中、いきなりディフェンスの足が出てきても即座に対応できるこのテクニックを「臨戦《りんせん》タッチ」と呼んでいます。

図15　円状に迂回する「臨戦タッチ」

■多角形を描いて迂回する

POINT
細かくタッチして、多角形を描き、できるだけ円に近づけながら迂回する。

■「臨戦タッチ」とは

「臨戦タッチ」は、いつディフェンスの足が飛び出してきても対応ができる、まさに臨戦態勢でボールを運ぶテクニック。

▼「軸足リード」の体勢で「ササクレタッチ」

「臨戦タッチ」は、いつディフェンスの足が飛び出してきても対応ができる、まさに臨戦態勢でボールを運ぶテクニックです。

「臨戦タッチ」は一言で表すなら、**つねに「ヨーイドン」で飛び出せるように「軸足リード」の体勢でボールを運ぶテクニック**です。「軸足リード」の体勢なら、いつでも加速して駆け抜けられるからです。

そしてボールタッチ方法も、いつでも縦ドリブルできるように「ササクレ」を使います。ササクレを使い、軸足リードの体勢でサイドステップするようにボールを運びます。

このときの注意点は、ボールが決して軸足の前に出ないこと。ボールが軸足より前に出てしまうと、「ヨーイドン」で飛び出せなくなる＝「ササクレタッチ」は発動できなくなるからです。つねに「ササクレタッチ」をくり出せるように、ボールは「軸足よりも後ろ」そして「ササクレタッチする足に近づけ」ておかなければならないのです。

とにかく力加減が難しい「臨戦タッチ」ですが、まずはボールを削るように細かくササクレで運び、一気に「ササクレタッチ」で加速する練習をしておくとよいでしょう。「ヨーイドン」でも「ササクレタッチ」を使い、「臨戦タッチ」でも「ササクレ」を使うので混乱してしまうかもしれません。

どちらも「軸足リード」で「ササクレ」を使いますが、スプリントに組みこむのが「ササクレタッチ」、円状に迂回するのが「臨戦タッチ」とおぼえてください。

また、注意点としてこの「臨戦タッチ」にはスピードがありません。いつでも加速できる準備が整っている分、移動速度は低いのです。だから臨戦体制＝「ディフェンスが足を目一杯投げ出してもギリギリ届かない距離」を迂回するとき以外使用しないのが鉄則です。

では次に、どうやってこの「ディフェンスが足を目一杯投げ出してもギリギリ届かない距離」を見極めるのか。その方法について解説します。

CHECK POINT

ここまでのおさらい

POINT 1

テクニックはまず「ヨーイドン」から

■「絶対に勝てる間合い」のつくり方はさまざま。しかし「ヨーイドン」がなければ、「抜く」ことはできない

POINT 2

「ヨーイドン」は「ササクレタッチ」で行う

■「ヨーイドン」で走る「ついで」にボールタッチをする。あくまで走りが優先!

■ボールタッチはインステップではなく、親指の付け根「ササクレ」で行う

■ボールは軸足よりも後ろ(軸足リード)、タッチする足の近くに置く

POINT 3

「臨戦タッチ」で円状に迂回する

■実際は円状に動けないので多角形を描きながら移動する

■「臨戦タッチ」は「軸足リード」の状態からササクレでボールを円状に運ぶ動作、つまり
「軸足リード」+「ササクレ」=「臨戦タッチ」

■細かいタッチで臨戦状態=いつでも飛び出せる状態をキープする

SECTION

04 ▼ 最高にリーチの長いディフェンスを想定する

▼自分の「足を目一杯投げ出してもギリギリ届かない距離」を知っておく

「ディフェンスが足を目一杯投げ出してもギリギリ届かない距離」を保ちながら円状に迂回し「ヨーイドンで勝てる角度」へ忍びこむ。

このロジックを実現するうえで「ディフェンスが足を目一杯投げ出してもギリギリ届かない距離」を正確に見極めることは、すべての基盤です。僕はセンチ単位で見極めるように心がけていますが、「そのためには、たくさんの経験が必要なのだろう」と気が遠くなってしまうかもしれません。

確かに経験は必要ですが、距離感をつかむヒントがあります。

それは自分自身の「足を目一杯投げ出してもギリギリ届かない距離」を知っておくこと。ディフェンスが足を目一杯投げ出してもギリギリ届く範囲は、個人差はあるにせよ身長に比例します。

つまり、身長が高い選手は遠くまで届き、低い選手は短い距離までしか届かない。

だからこそ、自分の「足を目一杯投げ出してもギリギリ届かない距離」を把握しておけば、ディフェンスとの身長差から大体の範囲を予測できるはずです。これは誰でもすぐにできることなので、ぜひやってみてほしいと思います。

また、オススメするのは「最高にリーチの長いディフェンス」を想定すること。これを知ればどんなときでも「ディフェンスの届く範囲に入ってしまう」ことは防げます。安全を優先しすぎていると思うかもしれませんが、「99%抜ける」＝「絶対に勝てる間合いで勝負する」ためにも、僕はつねに最強のディフェンスを想定するようにしています。

▼マテラッツィのリーチは202cm⁉

ちなみに僕が知る最長リーチのディフェンスは、元イタリア代表で、2006ドイツワールドカップ優勝メンバーのひとりでもあるマルコ・マテラッツィ氏です。

身長193cmの彼に足を伸ばして計測させてもらった結果180cmでした。そこにボールの大きさ22cm（5号球）を足せば202cmとなり、その距離の差がないと、ボールを触れられるリスクがあるということです。言いかえれば、202cm離れるようにしておけば、マテラッツィ氏を超える選手ではない限り、どんなディフェンスにもボールを触られるリスクは皆無《かいむ》といってよいでしょう。

とにかく自分の知るもっとも強い（リーチの長い）相手を想定して距離をはかることが大切で、あとは実戦での経験と照らし合わせながら試行錯誤していきます。

うっかりディフェンスの届く範囲に入ってしまえばボールは奪われますし、遠すぎれば迂回路が長くなりゴールからも遠ざかってしまいます。抜けた、取られた、の試行錯誤のなかで修正をはかり、精度を高めていきましょう。

ここで心がけたいことは、試行錯誤の質を上げることです。

ボールを奪われるとき、たいていの場合、いつのまにか「ディフェンスの届く範囲に入っていた」というケースが多いのですが、自分のタッチミスや、判断の遅れもあるかもしれません。

正確にミスの原因を考察し、距離感を修正すべきなのか、タッチを修正すべきなのかを見極め、次にフィードバックすることが、成長への近道となるはずです。

SECTION

05 ▼タッチを使い分ける

▼フットサルでも重宝する「スイッチ」

ここまで「ササクレタッチ」「臨戦タッチ」のテクニックを紹介してきました。実際にこれらは、ディフェンスと対峙し、抜きさるためのもので、普段ボールを運ぶためのドリブルには不向きです。

僕は、ボールを運ぶためのドリブルのときには、**「軸足バック」**と呼んでいる、体よりも前に伸ばした足先で触れるタッチを使います。これがスピードを最大限に上げることができ、ボール運びにもっとも適しています。

「軸足バック」で運び、「臨戦タッチ」で迂回し、「ササクレタッチ」で駆け抜ける。

この一連が大まかなドリブルの流れですが、「臨戦タッチ」は軸足リードなので、「軸足バック」とは軸足とボールの関係性が逆になります。

軸足バック＝ボールは軸足より前
軸足リード＝ボールは軸足より後ろ

この切り替えを1タッチで完了させるために、僕は**「スイッチ」**という切り替えのタッチを使っています。

「スイッチ」はドリブルをしているときに、ボールが軸足より前にあったものを、1タッ

図16 「軸足バック」

■「軸足バック」とは

「軸足バック」は、体よりも前に伸ばした足先で触れるタッチを使う（軸足が後ろの状態)。高いスピードを維持することができ、ボール運びにもっとも適している。

■「軸足バック」から「スイッチ」

POINT

「軸足バック」から「臨戦タッチ」（＝「軸足リード」）につなげるには、「スイッチ」という切り替えのタッチを使う。「スイッチ」は足裏やインサイドのエッジ部分を使って、ボールを上から引っかくイメージだとやりやすい。

チでボールを軸足の後ろへ（＝「臨戦タッチ」へ）切り替えるテクニックです。
動作はシンプルです。ボールを上からカットするようなタッチをすることで、ボールが後ろからついてくるように転がってくるので、軸足とボールの関係を一瞬で入れ替えることができるのです。

「スイッチ」は、フットサルではとてもポピュラーな動作で、「ボールを舐《な》める」とも表現されます。

靴とボールの間に摩擦《まさつ》が必要なので、スパイクでやるのはむずかしく思えますが、ネイマール選手やロナウジーニョ選手など、フットサル経験を積んだスター選手たちが多用する、とても効果的なテクニックです（足裏やインサイドのエッジ部分を使って、ボールを上から引っかくイメージだとやりやすい）。

この「スイッチ」を使って、「軸足バック」から「軸足リード」への転換をスムーズにします。

改めて一連の流れをまとめると、

「軸足バック」でボールを運ぶ➡「スイッチ」で「軸足リード」に転換➡「臨戦タッチ」で迂回➡「ササクレタッチ」で駆け抜ける。

という流れです（図17）。

ここまでで縦ドリブルは完成です。これまでのテクニックをマスターすれば、（「Ｎｏｔ10ゲーム」の）「６」のディフェンス＝足を出さずに待っているディフェンスを、問答無用に

図17　ドリブルの一連の流れ

「軸足バック」でボールを運ぶ
▶
「軸足リード」に切り替える「スイッチ」
▶
「臨戦タッチ」で迂回する
▶
「絶対に勝てる角度」に忍びこめば
「ヨーイドン」の形へ
▶
「ササクレタッチ」で一気に駆け抜ける

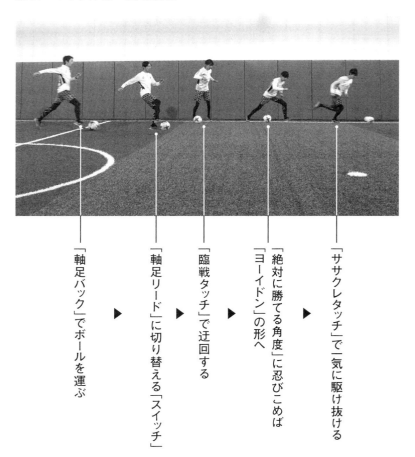

抜きさることができます。

ディフェンスは動かない前提なので、コーンをディフェンスと見立てて練習するとよいでしょう。

とにかくこだわるべきポイントは、「ヨーイドン」の速度をスプリントに限りなく近づけること。人は、ボールがなければ意外と速く走れるものです。このことを忘れてしまうほど、多くの人はボールタッチに意識を奪われがちです。自分本来のスピードを呼びさまし、自分史上最速の縦ドリブルを手に入れてください。

SECTION

06 カットインを考える

▼カットインへの道を開く方法とは

縦ドリブルは最高速のドリブルだと何度も説明しました。だからこそ、縦にガンガン仕掛けてくるドリブラーはディフェンスにとって脅威です。縦ドリブルを仕掛け続けることでカットインの道が開ける、ということは、乾選手のページでも触れたとおりです。

しかし、どれだけ縦に仕掛け続けたとしても、縦にしかいきようがないフォームでは、カットインへの道を開くことも、カットインの道へ進むこともできません。ここでは、カットインへの道を開く方法について考えていきます。

■カットインの成功例

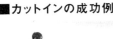

(1) カットインへの道を開くには

カットインへの道を開く方法を一言で表すと、**「縦の圧」**からのワンフェイントです。すなわち、「縦ドリブルが来るぞ！」という圧力を感じたディフェンスをワンフェイントで後退させ、カットインしていくイメージです。

ここでのポイントは「縦の圧」という言葉。この圧力なしにフェイントを仕掛けても、ディフェンスは後退してくれません。

まず「縦の圧」とは何か、考えていきましょう。

いつ縦ドリブルをしてくるかわからない緊張感や、ディフェンスが感じる「来るぞ、来るぞ」という感覚のことを、僕は「縦の圧」と呼んでいます。

「縦の圧」は、

①これまで何回縦に仕掛けてきたか？
②オフェンスはいつでも飛び出せる状態にあるか？
③縦か？　中か？　ディフェンスが予想を絞れない状態か？

によって生み出されます。（※カットイン＝中とも表現します）

①については乾選手のエピソードでも話したように、縦ドリブルの布石を打つこと。

②は、いつでも飛び出せる＝「臨戦タッチ」をしっかりできていれば、そう思わせることができます。これらは、本当に縦にいくかもしれないという信憑性《しんぴょうせい》を高めますね。ポイントは③です。

③縦か？　中か？　ディフェンスが予想を絞れない状態か？

「縦の圧」を出したいのなら、ここではカットインの要素は不要では？　と思う方もいるかもしれません。これは、ドリブルのコースが片側に絞れるドリブラーは怖くない、というディフェンス側の視点に基づいています。

そもそもドリブルで抜くには縦かカットインの2択しかありません。それが1択になるということはそれだけで可能性は半分になり、ディフェンスは非常に楽になるからです。

仮に猛スピードでついていけないドリブラーだったとしても、「この選手は縦しかない」とわかっていれば、そこに2人目のディフェンスを配置すればいいだけです。

では、どのようにして「縦かカットインかディフェンスが予想を絞れない状態」をつくるか。もともとドリブルは「縦ありき！」とここまで説明してきましたので、中にいく雰囲気はそう簡単には出せないですよね。

そこで**「左右分業」**という考え方を導入します。

僕は、左サイドで「縦にいくぞ、いくぞ」と思わせる臨戦タッチの状態においても、縦に向かって息巻いているのは、僕の左半身だけです。右半身は、いつカットインの道が開いてもいいように、虎視眈々《こしたんたん》と構えています。つまり、左半身は〝縦のスペシャリスト〟、右半身は〝中のスペシャリスト〟として、自分のなかにそれぞれ住まわせているのです。

そうすることで、ディフェンスは体のフォームから予測することができなくなり、縦と中どちらにもスムーズに進むことができます。

図18 「縦の圧」

「縦の圧」は、以下の3つの要素によって生み出される。

①これまで何回縦に仕掛けてきたか?
②オフェンスはいつでも飛び出せる状態にあるか?
③縦か? 中か? ディフェンスが予想を絞れない状態か?

POINT

心のなかでは縦か中かが決まっていても、つねに同じフォームで「縦の圧」をかける。

ここまでをまとめると、

①縦ドリブルを仕掛けておく
②いつでも飛び出せる臨戦タッチ
③左右分業でディフェンスに絞らせない

この3つが揃《そろ》うと、「縦の圧」が生まれてくるというわけです。

(2)「縦の圧」からフェイントへ

たとえば、何度も縦ドリブルを仕掛けてきた状況で、またいつ縦にいってもおかしくない臨戦体制。ディフェンスにとって、縦と中どちらにも絞れない……そんな緊張が最大限に達したとき、オフェンスが縦にいくと見せかけてリードしている軸足をバンッと踏みこんだらどうなると思いますか?

ディフェンスは大きく後ずさりするしかなく、一気にカットインへの道が開くのが想像できると思います。その瞬間を見逃さずにカットインへ飛び出すことができたら、縦からのカットインは完成です。

この縦にいくと見せかけた軸足踏みこみを、一般的には「フェイント」と呼びます。つまり、これが「縦の圧」からのワンフェイントです。

カットインへの道は、信憑性に裏打ちされた「縦の圧」からの「フェイント」でこじ開けるのです。ただし、ここで疑問がひとつ生じるかもしれません。

図19 「左右分業」

左半身は縦にいくような構えで、右半身はいつカットインの道が開いてもいいように構える。

縦にしかいけないようなフォームだと、ディフェンスもコースを読みやすくなる。

POINT

ディフェンスが縦と中どちらにも絞れない状態をつくることが大切。

フェイントにディフェンスが反応しなかったらどうする？　と。

この場合は「縦に抜けるべきだった」が答えです。

もう一度、「Ｎｏｔ10ゲーム」の話を思い出してみましょう。この状況は、フェイントに応じないディフェンス＝Ｎｏｔ10ゲームの「６」の状態なので、縦に抜けたはずなのです。

ドリブルは「縦ありき」。

縦ドリブルが第一選択肢なので、選択を誤ったことになります。

それでは、どんなときに縦にいき、どんなときにフェイントからのカットインを選ぶべきなのか。

判断材料になるのが、「臨戦タッチ」で迂回している際のディフェンスの動きです。「臨戦タッチ」でオフェンスが思うままに角度を変えられているなら、フェイントに反応しない「６」のディフェンスです。そのときは、そのまま縦ドリブルで抜きましょう。

一方で、角度を変えられないように、縦へのコースを消してくるディフェンス（いわゆる縦切り）なら、縦への警戒心が強く、高確率でフェイントに引っかかります。

これは経験を積まないと判断しづらいかもしれませんが、迂回への対応で判断できることは多いと思います。

（3）フェイントに労力を割《さ》かない

「縦の圧」からのワンフェイントでディフェンスを後退させカットインへ、という状況で

郵 便 は が き

料金受取人払郵便

本郷局
承認

2274

差出有効期間
2020年２月
29日まで

１ １ ３ ８ ７ ９ ０

東京都文京区本駒込5丁目
16番7号

東洋館出版社
営業部 読者カード係 行

ご芳名	
メール アドレス	@ ※弊社よりお得な新刊情報をお送りします。案内不要、既にメールアドレス登録済の方は右記にチェックして下さい。□
年　齢	①10代　②20代　③30代　④40代　⑤50代　⑥60代　⑦70代～
性　別	男　・　女
ご職業	1. 会社員　2. 公務員　3. 教育職 4. 医療･福祉　5. 会社経営　6. 自営業 7. マスコミ関係　8. クリエイター　9. 主婦 10. 学生　11. フリーター　12. その他（　　　）
お買い求め 書店	

■ご記入いただいた個人情報は、当社の出版・企画の参考及び新刊等のご案内のために活用させていただくものです。第三者には一切開示いたしません。

Q　ご購入いただいた書名をご記入ください

（書名）

Q　本書をご購入いただいた決め手は何ですか。

(　　　　　　　　　　　　　　　　　　　　)

●お買い求めの動機をお聞かせください。

1. 著者が好きだから　2. タイトルに惹かれて　3. 内容がおもしろそうだから
4. 装丁がよかったから　5. 友人、知人にすすめられて　6. 小社 HP
7. 新聞広告（朝、読、毎、日経、産経、他）　8. WEBで（サイト名　　　　　　）
9. 書評やTVで見て（　　　　　　　　　）　10. その他（　　　　　　　　　）

Q　本書へのご意見・ご感想を具体的にご記入ください。

Q　定期的にご覧になっている新聞・雑誌・Webサイトをお聞かせください。

Q　最近読んでおもしろかった本は何ですか？

Q　こんな本が読みたい！ というご意見をお聞かせください。

ご協力ありがとうございました。頂きましたご意見・ご感想などを SNS、広告、宣伝等に使用させて頂く事がありますが、その場合は必ず匿名とし、お名前等個人情報を公開いたしません。ご了承下さい。

社内使用欄　回覧　□社長　□編集部長　□営業部長　□担当者

気をつけたいことは、フェイントに労力を割かないことです。縦に向かうと見せかけたいあまり、踏みこみに注力しすぎてカットインが遅れてしまっては、元も子もありません。カットインで抜くためには軸足の踏みこみが一度必要ですから、この踏みこみがフェイントを兼ねればいいのです。

とくに踏みこむ足の、つま先の方向に注意しましょう。

「縦に抜く!」と見せたい気持ちから、つま先が外側に向きやすいのですが、やや内股気味にして、力の方向をカットインに向けてあげれば、勢いよくカットインへ飛び出すことができます。

とはいっても、完全にカットインする準備に徹《てっ》すると「カットインをねらっているな」と見抜かれてしまいます。だからこそ「縦にいくぞ!」という雰囲気をもって、縦方向に向かって踏みこみましょう。そして事前にディフェンスにカットイン1択だと絞らせないよう、心はカットイン1択でもフェイントの瞬間も、前述の「左右分業」を徹底することが大切です。

このようなテクニックを身につけることで、「縦ドリブルからのカットイン」でも抜けるようになるでしょう。

なお、これらは「99%抜けるドリブル理論」のロジックを実現するための、ごく一部のテクニックでしかありません。警戒したディフェンスに対してうまく「忍びこむ」ためのテクニックや、実際にYouTube動画にアップしているさまざまな抜き方は、さらに多くの、あるいは高度なテクニックを必要とします。詳しい動作やトレーニング法については、毎週更

図20　カットインする際の軸足のポイント

▼

▼

POINT

「縦に抜く！」と見せたいあまり、つま先が外側に向きやすいが、やや内股気味にして、力の方向をカットインに向けてあげれば、勢いよくカットインへ飛び出すことができる。

新中の note（https://ja.dribbledesigner.com/）をご覧いただければと思います。

また前述のとおり、僕はつねにドリブルの研究を進めていて、専門家の先生やトレーナーから学び、最新の知見を織りこみながら更新しています。次々に新しい発見があって、他分野の方々からも注目され始めています。note は、そんな僕の最新理論をリアルタイムで掲載していますので、ぜひチェックしてください。

CHECK POINT

ここまでのおさらい

POINT 1

「ディフェンスが足を目一杯投げ出しても ギリギリ届かない」距離を知る

■自分の「足を目一杯投げ出してもギリギリ届かない距離」を覚え、ディフェンスとの身長差から割り出す
■もっともリーチが長い相手を想定すれば安全

POINT 2

「臨戦タッチ」は遅いドリブル

■「ディフェンスが足を目一杯投げ出してもギリギリ届かない」距離以外では使わない
■「スイッチ」を使って一瞬で「軸足バック」から「軸足リード」へ
■一連の流れは、「軸足バック」でボールを運ぶ→「スイッチ」で「軸足リード」に転換→「臨戦タッチ」で迂回→「ササクレタッチ」で駆け抜ける。

POINT 3

カットインへの道を開く

■カットインは「縦の圧」からのワンフェイントありき
■「縦の圧」は縦への信憑性（縦に仕掛ける、臨戦タッチ）と左右分業から生まれる
■フェイントに労を割かない。フェイントがカットインの準備動作を兼ねるように

COLUMN

DESIGN PLAYER

03

▼サッカー新時代を担う 堂安律選手

いまや日本代表の若きエースとして活躍する堂安律選手。

僕が堂安選手に「99％抜けるドリブル理論」を伝えさせてもらったのは、2018年の6月です。僕たちはオランダのヘーレンフェーンのホテルで会う約束して、僕が外へ迎えにいこうとしたら、彼から「こんにちはー！」と明るく待合室に入ってきてくれたことを、今でもよく覚えています。

とても気さくな好青年、でもとにかくオーラがすごい。間近にいると、圧倒されるようなパワーがみなぎっていて、渡欧1年目にしてチームMVPを勝ち取った所以がそこにありました。また2017―18シーズンは、通算9得点をあげ、同リーグにおける10代選手としては歴代2位の記録を達成。17歳だったロッベンの8得点を抜いたことで、オランダ国内でも大きな話題をさらい、ことあるごとに「ロッベンの再来」と称えられるほどです。

日本人プレーヤーは足元の技術やパスセンスが優れていることから、体格に優れた選手の多い海外リーグでは、それらを武器に活躍することが多いと思いますが、彼は違います。

とりわけ大柄な選手が多いオランダリーグにおいても、フィジカルを武器に戦い、結果を残し続けているのです。フィジカルコンタクトを受けても転ばずにもち直し、ゴールに突進していく。これまでにない、ワールドクラスのフィジカルを備えたスター選手が、堂安律選手です。

そんな彼が、僕の「99％抜けるドリブル理論」を、どんなふうにとらえ、活かしてもらえるだろうか、期待と不安が入り混じるなか伝えさせてもらいました。

DOMINGO

まず、相手のディフェンスから何cm離れていれば、ボールや体に触れられるリスクがないか、前述の「ディフェンスが足を目一杯投げ出してもギリギリ届かない距離」について伝えました。

強烈なフィジカルコンタクトでのせめぎ合いが起こるなか、感覚だけでなく理論的にもその距離を知っておくことで、より効率的にプレーするだけでなく、ケガの防止にも役立つと思ったからです。

彼はこの考え方にとても共感してくれ、そのうえで彼自身が課題に感じていたことを教えてくれました。

それはドリブルで仕掛けて、ディフェンスを振り切れるか振り切れないかという駆け引きをした際、ドリブル後のパスやシュートがあと一歩のところでブロックされてしまう、ということでした。

結果として、そこは「絶対に勝てる角度」ではなかったということですが、「絶対に勝てる角度」に時間をかけていくよりも、一瞬のチャンスを逃さないために、この「あと一歩」を何とかしたいということでした。

確かに堂安選手は、この「ギリギリ抜けるか抜けないか」に飛びこんで、そこからこじ開ける勇気とチャレンジ精神が持ち味の選手です。この持ち味を活かしつつも僕がデザインできることは何なのか。そう考えて伝えさせてもらったのは「体の入れ方」でした。

「体の入れ方」、つまりドリブルで縦に仕掛けた後に、ディフェンスと並走するのではなく相手の進路の前に入る、ということです。

堂安選手はスピードを武器にしたタイプの選手ではないので、振り切ったディフェンスに追いつかれてしまう恐れもあります。

そこで並走してスピード勝負にもちこむのではなく、ドリブルの進路を変えてディフェンスとボールの間に体を入れてしまい、**「絶対勝利の角度：0度」**にもっていく。ファウルなしには止められない位置関係をつくってしまうことが、彼のプレースタイルにフィットすると思ったのです。この考え方自体は一般的にも知られていることではありますが、これを実現するためのテクニック、「腕の使い方」についてデザインさせてもらいました。

はじめにネイマール選手の映像を見せながら、「まずはディフェンスの胸から首にかけてを押すことで、相手の重心を効果的にくずすこと。その際に真横に腕を伸ばすのではなく、斜め後ろまで伸ばし相手を封じること」を伝えました。

さらに、回りこんでこようとするディフェンスに対し、自分の真後ろまで巻きこんでしまうことで、「絶対勝利の角度：0度」へ封じこめてしまうという応用例について伝えました。

そして極めつけとして、アザール選手の例も紹介しました。縦に抜きさった後、斜め後ろから追ってくるディフェンスに対して体を入れるのですが、その際に通常とは逆側の手でディフェンスを押さえるというものです。これが、「絶対勝利の角度：0度」を死守しつつ、より決定的なプレーをしやすい状況をつくるための究極のテクニックです。

この話に堂安選手は、「その手があったか」と目からウロコのようでとても喜んでくれて、ヘーレンフェーンまで会いにきてよかったという言葉をもらい、とても嬉しい気持ちになりました。

ロジック的には、必ずしも「絶対に勝てる角度」に忍びこめていなくても、ドリブルの進路を変えて「体を入れる」ことで、「絶対に勝てる角度」にもちこむことができる、と説明できるかもしれません。

強靭《きょうじん》なフィジカルとチャレンジ精神をあわせもった、堂安選手ならではのドリブルデザインの形だったと思っています。

図21　堂安選手に伝えた「絶対勝利の角度：0度」のつくり方

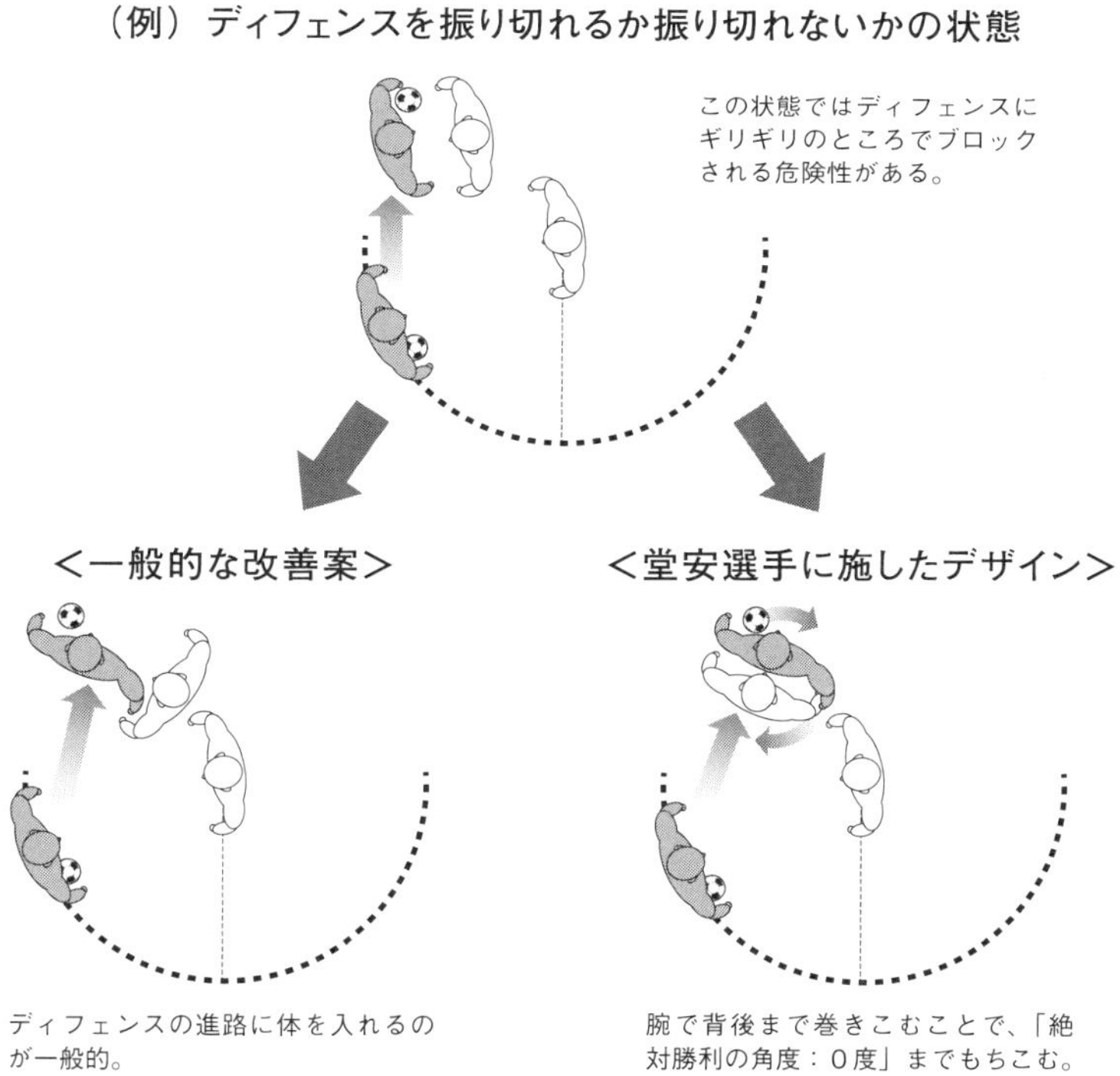
（例）ディフェンスを振り切れるか振り切れないかの状態
この状態ではディフェンスにギリギリのところでブロックされる危険性がある。
<一般的な改善案>
<堂安選手に施したデザイン>
ディフェンスの進路に体を入れるのが一般的。
腕で背後まで巻きこむことで、「絶対勝利の角度：0度」までもちこむ。

POINT

スピード勝負にもちこむのではなく、「体を入れて」ファウルなしには止められない位置関係をつくる。その際、腕でディフェンスを背後まで巻きこむことで「絶対勝利の角度:0度」の道をつくる。

図22　ディフェンスを押さえる腕の使い方

■斜め後ろまで腕を伸ばしてディフェンスの胸から首あたりを押さえる

腕を真横ではなく、斜め後ろに伸ばしてディフェンスの胸から首あたりを押さえると、相手をガードしながらドリブルできる。

■先回りしてくるディフェンスを腕で巻きこむ

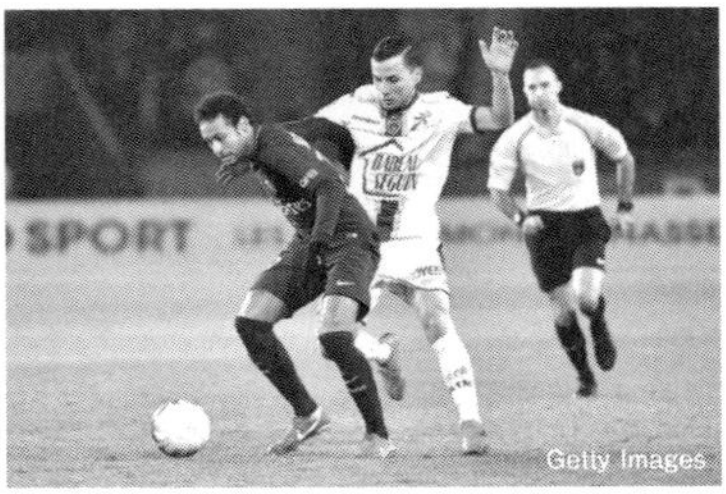

ディフェンスを腕で背後まで巻きこんで「絶対勝利の角度：0度」へ封じこめる応用テクニック。

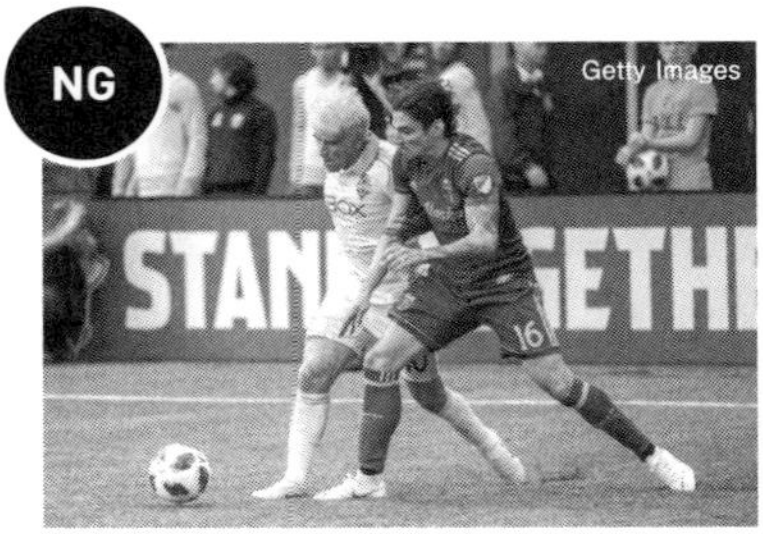

POINT

左写真のように腕が後ろにもいかず、ガードができていなければボールを奪われるリスクは高まる。

これぞ究極形!逆の手を使った押さえ方

縦に抜けたあと、自分の体を斜め後ろからくるディフェンスの進行方向にいれて普段押さえる側の手ではなく、逆側の手で押さえつけて「絶対勝利の角度：0度」を死守するテクニックもある。

超一流プレーヤーのドリブルを分析する

第3章

世界のスターと「99％抜けるドリブル理論」

▼「カスタマイズ」している世界のスターたち

ここまでロジック編で「なぜ抜けるのか」、テクニック編で「どうやって抜くのか」について解説してきました。これまでの内容を十分に理解すれば、誰でもドリブルで99%抜ける、と僕は信じていますが、少し視点を変えて、第3章ではドリブルで観衆を魅了する世界のスーパースターたちに焦点を当てたいと思います。

ドリブルといえば、メッシ選手、クリスティアーノ・ロナウド選手は、サッカー好きでなくても、彼らの名前があがるほどのスターです。彼らは「なぜ抜けるのか」「どうやって抜いているのか」が気になりますよね。

実は彼らのドリブルも「99%抜けるドリブル理論」とリンクしている部分がほとんどです。しかし、原口元気選手の「上半身の柔らかさ」のように、スターならではの「理論の枠を超えた」ケースが多々あります。

僕は、この状態を「カスタマイズ」と呼んでいます。

ほかの選手にはない異次元《いじげん》のスピードや身体能力があれば、必ずしも理論内におさまらなくても抜ける、理論を自分流に「カスタマイズ」できているという解釈です。

ここからは、世界に名を轟《とどろ》かすスーパースターたちのドリブルを、「99%抜けるドリブル理論」に則《のっと》っている点、カスタマイズしている点をあげ、考察していきたいと思います。

SECTION
01 ムバッペ
爆発的なスピードでフランス代表を優勝に導いたスピードスター

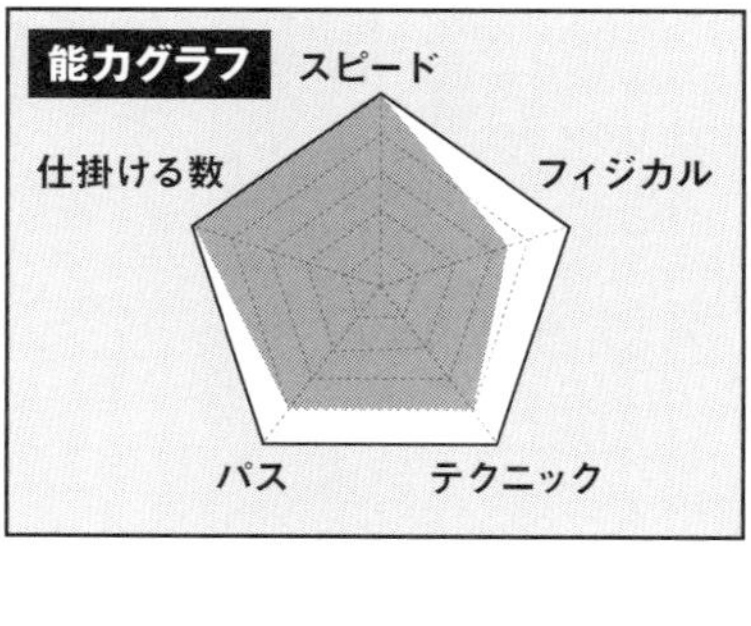

▼怖いもの知らずのスピードスター

最初に取り上げるのは、2018ロシアワールドカップでフランス代表を優勝に導《みちび》いた19歳のキリアン・ムバッペ選手です。

ムバッペ選手は強気な仕掛けと、爆発的な加速力でディフェンスを置きざりにする、バロンドールも十分視野に入る若きドリブラーです。世界トップレベルの選手たちが集ったロシアワールドカップの舞台でも、その輝きを放ちました。

ムバッペ選手のプレーで驚かされるのは、まず何といってもその仕掛ける回数の多さです。まさにアクションドリブルのスタイルで、問答無用で抜きにかかります。

また、右サイドからの仕掛けが多いムバッペ選手は、カットインのフォームから縦へ抜けていくのが非常にうまい選手です（P123イラスト参照）。軸足を踏みこんでディフェンスの体勢をくずし、右足アウトサイドで縦へ。第2章で説明した「カットイン」のように、基本的な動きは「99％抜けるドリブル理論」と共通しています。

しかし、右サイドでの「縦ドリブルのフォームからのカットイン」に関していえば、「縦ドリブルのフォーム」が完成しきっていないように感じます。これは乾貴士選手をデザインさせてもらったときと同じです。

ムバッペ選手の場合は、あまりにこの「カットインフォームからの縦ドリブル」の威力が強すぎて、縦ドリブルのフォームで切り開く必要がないのかもしれません。ここがムバッペ

図23　左サイドと右サイドで異なるドリブルのフォーム

〈左サイド〉

縦ドリブル

カットイン

左サイドでドリブルする状況では、縦ドリブルとカットインを上の図のようなフォームで行うが、これが右サイドになると、そのフォームは反転する。右サイドでドリブルする状況では、カットインのフォームで縦ドリブルを、縦ドリブルのフォームでカットインを行ったほうがいい。

〈右サイド〉

縦ドリブル

カットイン

POINT

左サイドと右サイドで縦ドリブルとカットインが反転する。ゴールの方向が90度変わるイメージ。ムバッペ選手は、右サイドでのカットインからの縦ドリブルがうまい選手だが、縦ドリブルからのカットインのフォーム（上図右下写真）を身につければもっと驚異的な選手となる。

カットインからの縦ドリブル

選手のカスタマイズしているところなのでしょう。

これに加えて、まだ完全に走りに組みこめていない今の「縦ドリブルフォームからのカットイン」（図23右下写真参照）を誰も止めようのない次元まで引き上げられる可能性を秘めています。いつかムバッペ選手の「縦ドリブルフォームからのカットイン」をデザインしたい、と考えています。

ムバッペ選手の右サイドでの「カットインフォームからの縦ドリブル」。【Getty Images】

SECTION
02

ネイマール

独特のリズムを持つ変幻自在のドリブラー

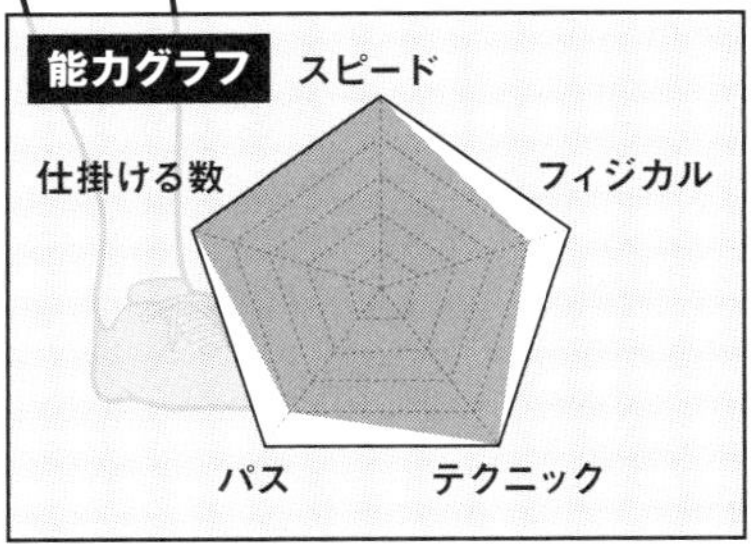

▼怖いもの知らずのスピードスター

続いては、日本の子供たちにも大人気なブラジル代表のネイマール選手です。ネイマール選手のプレースタイルは、「99％抜けるドリブル理論」に非常にハマっていると思います。

彼は縦ドリブルが得意で、なかでも「反発ステップ」というテクニックが有名です。「反発ステップ」とは、逆方向に一度強く踏みこむことで、地面の反発を活かして縦ドリブルにいくテクニックですが、僕もこれに近いドリブルをしています。

さらにこういった「縦の怖さ」からカットインへの道を切り開いていくスタイルなので、僕の「ロジック」と共鳴する部分が多いです。

彼はとにかく足が速いので、１５０度くらいでもガンガン仕掛けていきます。しかしこれもネイマール選手にとって「絶対に勝てる角度」であって、ロジックに綺麗《きれい》にハマってくるのです。

また彼の代名詞である、独特なリズム感でディフェンスの逆をついたり、タイミングをずらしたりする多彩《たさい》なフェイントがあるから、簡単にはディフェンスも飛びこめません。それも「絶対に勝てる角度」を広げている要因です。

以前、実際にネイマール選手とフットサルを一緒にする機会に恵まれました。そこでは、足元のうまさだけでなく、手の使い方のうまさも際立っていることに気がつきました。縦ドリブルでもカットインでも、接近してくるディフェンスを手ではね返す。しかも抜きさる際

左腕の使い方

にディフェンスを手で背後まで巻きこんでしまうのです。

ディフェンスがオフェンスと横ならび状態なら、ボールにコンタクトしたりシュートブロックしたりできるチャンスがありますが、真後ろに巻きこまれてしまった場合は何もできません。無理に足を出そうものなら一発レッドカードものです。

この手の使い方ができる要因は、肩甲骨《けんこうこつ》回りの可動域がとてつもなく広いためです。ドリブルにおいては肩甲骨に限らず、体は柔らかく可動域が広いほうが有利です。ネイマール選手の可動域の広さは、ストリートサッカーで培《つちか》われたものかもしれませんが、日本でもラダーを使ったステップの練習をするときや、ブラジル体操のような動的ストレッチを取り入れるときは、上半身との連動を意識して取り組むことで、可動域を広げることができるでしょう。

ネイマール選手のドリブルには、「99%抜けるドリブル理論」と共通する部分が多くあるなかで、「絶対に勝てる角度」の広さ、カットイン後の手の使い方など、彼ならではの突出した強みが、「ネイマールらしさ」を不動のものにしていると思います。

ちなみに、彼ほどドリブルで仕掛けにいく選手は世界でもなかなかいません。1試合のうちに、14～15回ドリブルで仕掛けます。

つねにアクションドリブルでチャレンジし続けながら、心からドリブルを楽しんでいる。そんな思いでプレーしているからこそ、世界中の子供たちが憧《あこが》れるスターなのでしょう。

接近してくるディフェンスを手ではね返すネイマール選手。【Getty Images】

SECTION

03

エデン・アザール

99%抜けるドリブル理論を圧倒的フィジカルで体現

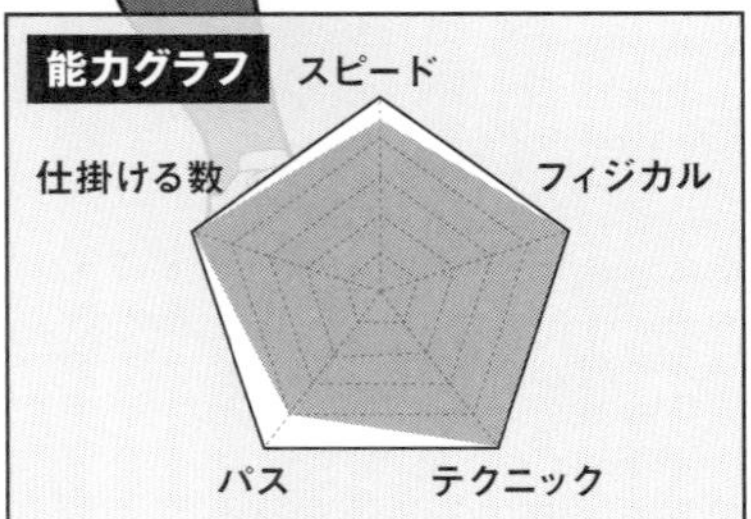

▼縦ドリブルのお手本

ネイマール選手に続き、ベルギー代表のエースであるエデン・アザール選手もまた「99%抜けるドリブル理論」に合致したプレースタイルの選手です。世界有数のドリブラーで、ネイマール選手よりも距離と角度の取り方が精密《せいみつ》で、まさに「99%抜けるドリブル理論」のお手本としたい選手です。

とくに縦への加速、その際のボールコントロール精度がすばらしく、まさに「最強の縦ドリブル」をもっています。

タッチラインまで残り数メートルしかないときも、その先に第二のディフェンスが待ちかまえているときも、オーバーランすることなく最高速の縦ドリブルをくり出せる、「加速」と「精度」を両立させた「縦ドリブルの完成形」です。

それに加えて、圧倒的なフィジカルの強さもあります。ちょっとやそっと触れられてもビクともしないフィジカルがあるので、「ディフェンスが足を目一杯投げ出してもギリギリ届く距離」内に少し入りこんでも抜くことができます。

しかも、闇雲《やみくも》にフィジカルにたよるのではなく、距離と角度を精密にはかったうえで、さらに「ここまで入りこんでも勝てる」と見越してフィジカルを使います。僕もアザール選手のようなフィジカルがあればこんなドリブルがしたかった、と思えるほど、クレバーに間合いとフィジカルを使いわけています。

急ブレーキのカットイン

また、アザール選手はカットインも見事。もちろん縦ドリブルは完璧ですが、カットインもあざやかで、ディフェンスを翻弄《ほんろう》しながら抜いていきます。
カットインするときに、アザール選手は、圧倒的なブレーキ力を使って、ドリブルします。縦へのスピードを一気に止めるブレーキがあれば、それだけでカットインは成立します。人は急には止まれないので、一気にブレーキを掛けられると、ディフェンスは縦方向に流れていってしまって、カットインするスペースがガラ空きになるからです。
アザール選手は人並みはずれた太もも前の筋肉、通称「ブレーキ筋」で、完璧な縦ドリブルを基盤に、急ブレーキでカットインへの道もこじ開けます。さらに上半身、特に広背筋《こうはいきん》を使って上体を反《そ》らすようにしてブレーキをかけており、全身の力をあますことなく使っていることも、非常に参考になります。

まさに「99％抜けるドリブル理論」の完成形であり、「縦ドリブルがあればいつでもカットインできるスタイル」の究極形といえます。みなさんにもお手本にしてほしい、理想の選手像です。

急ブレーキでカットインへの道もこじ開けるアザール選手。【Getty Images】

SECTION

04

メッシ

誰も止めることのできない世界No．1の選手

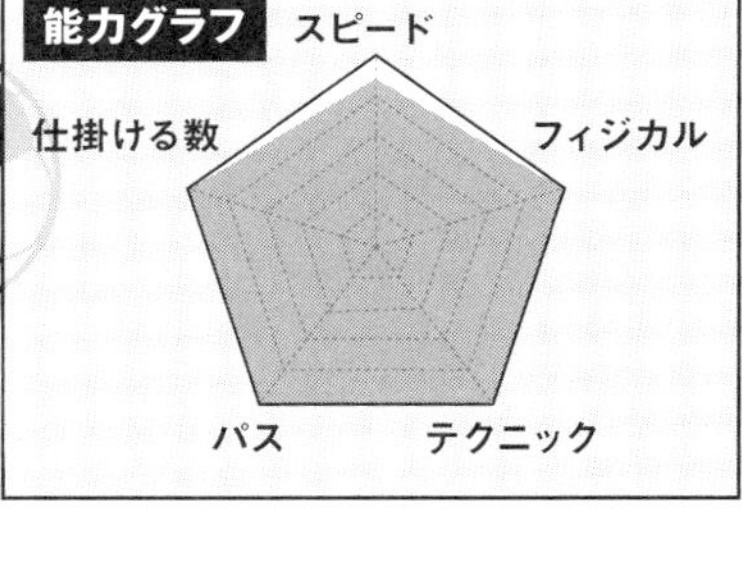

▼なぜメッシ選手を止めることができないのか

ドリブルだけでなく、パス、シュート技術も最高レベルにあるメッシ選手は、サッカー史上最高の選手といわれています。

「メッシを止めるにはマシンガンが必要」と形容されるほど、超攻撃的スタイルで、マークにつくディフェンスを一瞬で置きざりにしていきます。

そのメッシ選手と「99％抜けるドリブル理論」との整合性について考えていきたいと思います。

まず、メッシ選手が、高速ドリブルで移動するときは、ディフェンスの足の届く範囲には入らず、迂回するドリブルで巧みにかわしていきます。この距離の取り方は「99％抜けるドリブル理論」と合致しているのですが、静止した状態からの1対1の状況では、この距離がぐっと短くなるのが、メッシ選手の特徴です。

つまり「ディフェンスが足を目一杯投げ出してもギリギリ届かない距離」のかなり内側でプレーしているということ。通常ならディフェンスにボールを触られたり、体を当てられたりしてしまう距離です。

しかし、メッシ選手はその距離でも止めることができません。

なぜなら、そこには彼が使う特殊なテクニックがあるからです。

それは、僕が「0→100（ゼロヒャク）ドリブル」と呼んでいる、一瞬で静止した状態

(0)からトップスピード(100)に加速するドリブルテクニックです。

たとえディフェンスの足が十分に届く範囲内にいたとしても、ディフェンスが足を伸ばしてくるスピードよりもはるかに超越《ちょうえつ》したスピードで動けるなら、止められることはありません。極論《きょくろん》でいえば、光の速度で動くことができれば、どんなにディフェンスが近くにいても抜くことができます。それほどにメッシ選手の加速は異次元のスピードなのです。

ムバッペ選手やネイマール選手の加速も驚異的ですが、メッシ選手の「0→100ドリブル」はさらにそれらを凌駕《りょうが》します。この技術を使えるのはメッシ選手だけかもしれません。

人は右に動き出すとき、一瞬体を左に振って、そこから地面反力(地面から得られる反作用の力)を得て飛び出します。この左に体を振る動作が右に動き出すための「予備動作」であり、これを読みとってディフェンスはドリブル突破を阻止します。

メッシ選手にはこの「予備動作」がほとんどありません。メッシ選手は体を一瞬「落下」させることで、この「予備動作」を極力小さく、かつ高速にしています。動作自体は簡単で、「一瞬空中に浮く→落ちる→着地」の反力で飛び出すという流れで行います。

物理学的には、普通に立っているだけで、胴体(重心)は地面より1mくらいの位置に持ち上がった「位置エネルギー」を蓄《たくわ》えた状態にあります。この「位置エネルギー」を「運動エネルギー」に変換する、という原理です。

重力を味方につけたこの動きには、無駄がなく予測ができないという強みがあります。さらに手首のスナップや、巧みに上半身を使うことで加速をさらに増強し、一瞬で0から

0-100のドリブル

100へスピードアップする。

あまりに強烈な加速に、ディフェンスはメッシ選手が〝消えた〟ように見えるほどです。この技術によって、メッシ選手は「ディフェンスが足を目一杯投げ出してもギリギリ届かない距離」をかなり短くカスタマイズしていることになります。

さらにメッシ選手は、「絶対に勝てる角度」をつくり出すのが非常にうまい選手です。パスやシュート技術も超一流なので、パスコースやシュートコースを空けていると、それだけで失点の恐れがあります。

そのため、ディフェンスはドリブル突破のコースだけでなく、パスやシュートコースもケアしなければなりません。その点を巧みに利用してディフェンスの位置を動かし、角度をつくります。当時のチームメイトであったイニエスタ選手はメッシ選手の存在を利用して角度をつくることに成功していましたが、メッシ選手もまた、有能なチームメイトへの決定的パス、わずかな隙間《すきま》も見逃さずゴールに突き刺すシュートを武器に、ディフェンスを翻弄しながら角度を生み出しているのです。

つまり、メッシ選手は、静止状態での1対1では距離をかなり短くカスタマイズし、角度を生み出すレパートリーが豊富であるのが特徴です。しかし無理な角度での勝負は決してしないので、「99％抜けるドリブル理論」には合致している点は多いといえるでしょう。

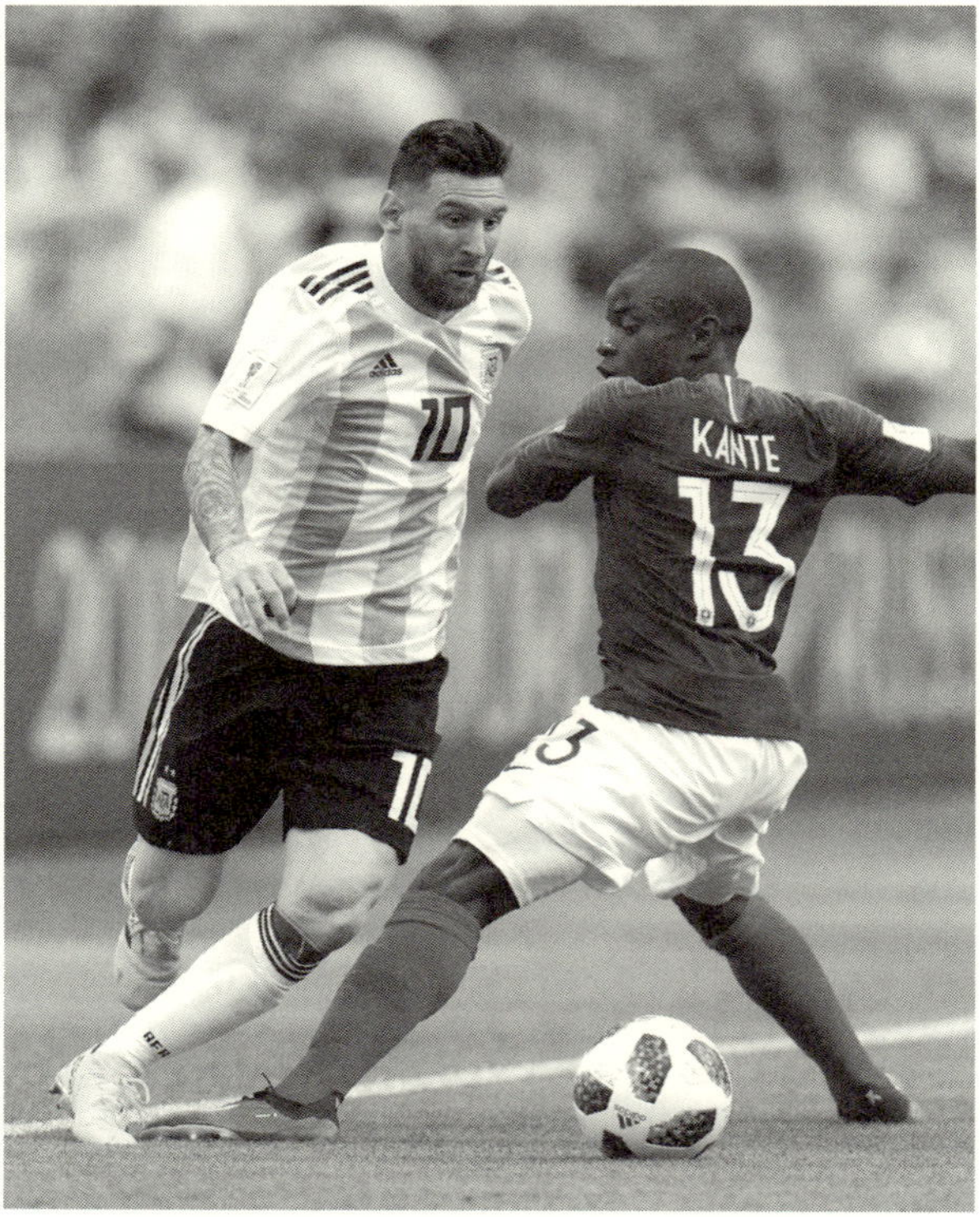

メッシ選手の「0-100ドリブル」の威力はすさまじく、ディフェンスを置きざりにするどころか転ばせることもあるほど。【ロイター／アフロ】

SECTION
05 クリスティアーノ・ロナウド

フィジカルとド派手なテクニックで沸かすスーパースター

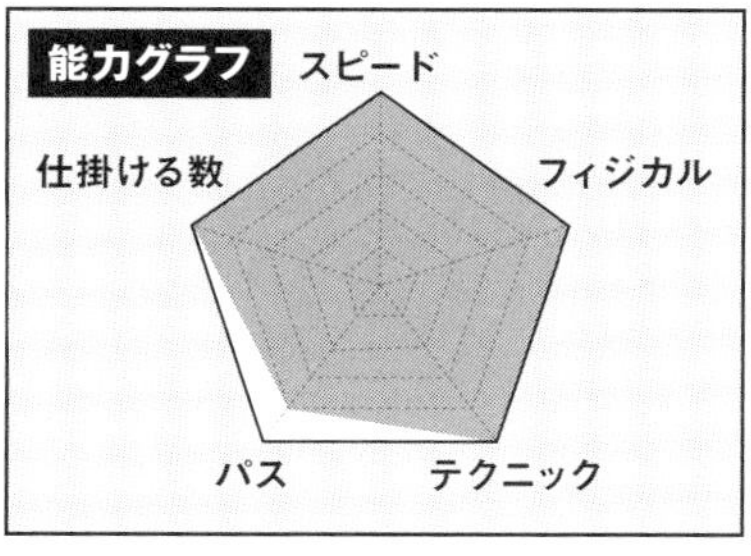

▼「99％抜けるドリブル理論」を飛び越えるスケール

観衆を沸かすテクニックと強靭なフィジカル、まさに「スーパースター」の名にふさわしいのが、クリスティアーノ・ロナウド選手。

おそらくロナウド選手が、僕の「99％抜けるドリブル理論」からもっとも逸脱《いつだつ》した存在でしょう。なぜなら「カスタマイズ」という範疇《はんちゅう》にはおさまらないレベルだからです。

簡単にいえば、僕には彼のようなドリブルはできない、ということ。

というのも彼には「迂回して忍びこむ」という考え方はほとんどありません。

１８０度で対峙して「絶対に勝てる角度」に向かって最短距離で移動すると、カットされたり、フィジカルコンタクトの恐れがあることは第１章で説明しました。

でもロナウド選手はそこを突き進むのです。

迂回せず、最短距離で。しかも鋭角に。

角度という概念がないのかもしれません。ボールさえ「ディフェンスの届く範囲」を通過してしまえばＯＫと思っており、ぶつかられてもはじき飛ばすだけのフィジカルを装備しています。

だから、彼はほとんど軸足リードでボール運ぶことがありません。確かに、このようなドリブルができてしまうのなら、スピードを落としてまで軸足リードに切り替える必要はないのかもしれません。

つねに軸足バックで高速を維持してボールを運び、ディフェンスとの距離が縮まれば、シザースフェイントでタイミングをはかって斜めに飛びこんでいく。彼の代名詞ともいっていいほど、シザースフェイントを多用していますが、それにはこういった要因があるのでしょう。

それでも強いて「99％抜けるドリブル理論」の考え方に近いプレーをあげるなら、ロナウド選手がよく使う「ワンビート」です。

ワンビートは軸足の裏側で切り返してカットインするテクニック。彼はこの技を、高速ドリブル中の「並走」状態でくり出すことが多いです。

高速縦ドリブルからのワンビート

1
2
3

高速の縦ドリブルでディフェンスを引き連れて、ワンビートで急ブレーキをかけてカットインする「縦からの中」というセオリーに基づいた抜きパターンです。

とはいっても、彼には基本的に180度での対峙ですら「絶対に勝てる角度」にもっていってしまう爆発的なスピードと強靭なフィジカルの持ち主なので、「強いていえば当てはまる」というレベルでしかありません。だからこそ、「99％抜けるドリブル理論」の外側にいる、唯一無二《ゆいいつむに》のスーパースターといえるでしょう。

180度の対峙でもフィジカルでこじあけていくロナウド選手。【Colorsport Images／アフロ】

SECTION

06

アルトゥール

日本人もお手本にしたい 常識を覆《くつがえ》す「間合い」の魔術師

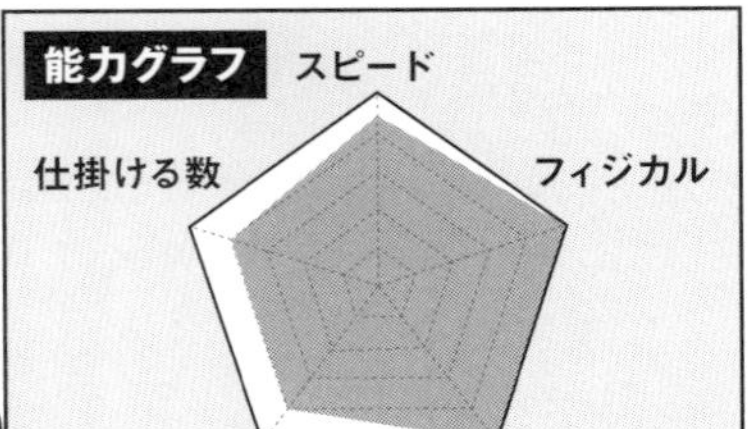

▼相手に背中を向けて角度をつくり出す

2018年にFCバルセロナのレジェンド、イニエスタ選手の背番号8を引き継いだブラジル人MFアルトゥール選手。僕がこの選手のプレー映像を初めて観たときの衝撃は、いまでも忘れられません。

「99％抜けるドリブル理論のロジックにはハマっているけど、その発想はなかった！」

なぜなら新しいドリブルの形を目の当たりにしたからです。

彼もまた、「絶対に勝てる角度」へ「円状に迂回して忍びこむ」スタイルですが、その忍びこみ方が僕とはまるで違います。

ディフェンスに対して、僕は正面に対峙しながら迂回しますが（迂回するときはササクレタッチ）、彼は背を向けてディフェンスを腕で押さえながら迂回します（迂回するときはアウトサイドタッチ）。

アルトゥール選手のやり方だと、「ディフェンスが足を目一杯投げ出してもギリギリ届く範囲」内に体が入っているため、フィジカルコンタクトを受けるリスクがあります。しかし実際のところ、背中を向けているので正面で対峙するときほどリスクは高くありません。

むしろアルトゥール選手は、ディフェンスが押してくる力を自分の勢いに変えたり、つかまれたら回転する力に変えたりして、角度をつくり出したりします。

確かに彼もまた「絶対に勝てる角度」へ「円状に迂回して」忍びこんでいるのです。つまり、ロジック（タネ）は同じでも、テクニック（手さばき）が違う、ということ。この方法であれば、スペースがないときやディフェンスが目前に迫っているときも、ドリブルをあきらめること（パスやシュートの選択をする）なく抜きに転じることができます。

またアルトゥール選手は１７１cmと決して体が大きくないので、これはフィジカルで負けないためにたどり着いた、ドリブルの理想形のひとつかもしれません。日本人にとっても非常に参考になるプレースタイルだと思います。

相手に背を向けた迂回するドリブル

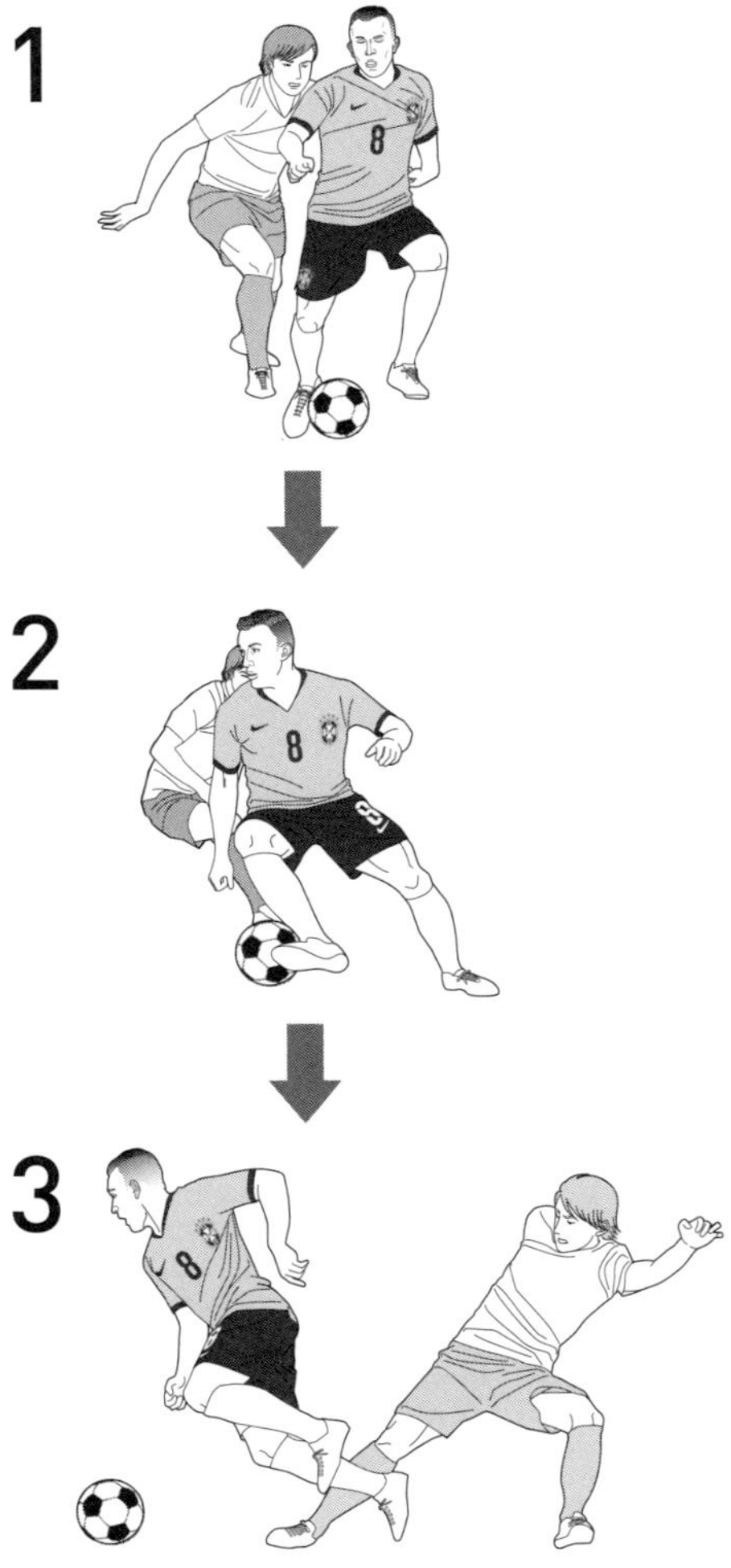

ディフェンスに背を向けながらアウトサイドタッチで迂回するアルトゥール選手。【Getty Images】

COLUMN

DESIGN PLAYER

04

飽くなき向上心と強靭のメンタル

小林祐希選手

日本代表でも活躍する小林祐希選手は、僕の「99％抜けるドリブル理論」をもっとも深く理解してくれている選手のひとりです。

普段アタッカーの選手に伝えることが多いのですが、彼は中盤の司令塔ポジションです。僕の「99％抜けるドリブル理論」は、ドリブラーだけに限ったものではなく、ボランチの選手などが自分の得意なプレー（パスやシュートなど）の幅を広げるために活用することも可能です。なぜなら、ドリブルで仕掛ける、という武器を持つことで、より自分のプレーに深みが出てくるからです。

たとえば「この選手はパスしかしない（ドリブルで抜いてくる怖さがない）」と思われている選手のパスと、「油断すればドリブルで抜いてくる」と思わせるモドリッチ選手やイニエスタ選手のパスとでは、ディフェンスにとっての脅威の度合いがまるで変わってきます。パスもシュートもドリブルもある――。そんなオフェンスに対しては、ディフェンスは対応を絞りきれず後手となり、オフェンス側は有利に攻撃を展開できるようになるからです。

だからこそ、彼もドリブルで仕掛ける大切さを痛感していて、ぜひ理論を知りたい、ということから連絡をくれたのが、交流のきっかけでした。日本代表というレベルにありながら、学びたい、知りたいという謙虚な姿勢をもち続け、うまくなるためには労を厭《いと》わない、向上心のかたまりのような選手です。何回もやりとりを重ねて、今も一緒にドリブルを磨き続けています。

理論を完全に理解してくれていて、「ササクレタッチ」や「臨戦タッチ」などのテクニックも完璧にマスターしてくれました。そのうえで彼の色を大切にしながら成長し続けていて、「選手の一人ひとりの個性に合わせてドリブルをデザインする」という僕の考えに共鳴してくれているプロサッカー選手のひとりです。

彼には2018年6月、オランダの地でドリブルのデザインをさせてもらいました。

これまでに何度も一緒にボールを蹴ってきたこともあり、まずはチームでの様子やドリブルの調子について聞くことから始めました。

すると、自信に満ちた笑顔で、「最近はとにかく抜けるからどんどん仕掛けるし、向こうから近づいてきたら即座に抜いていける。だからチームメイトも、パスを受けた自分には近づかなくなってきて。かなり自由にプレーできてるよ」と、とても楽しそうに答えてくれました。オランダ1部のヘーレンフェーンで、揺るぎない地位を築いていることがよくわかります。

現地のスタジアムで応援する機会にも恵まれたのですが、彼はまさにチームの主軸として躍動していました。事前に「今日決めるよ」と宣言していたとおり、目の前でフリーキックを決めてチームの勝利に貢献。ここぞという場面で結果を残す技術と最高の「メンタル」をもっている、まさにこれが小林祐希選手だなと、改めてファンになってしまうほどでした。

そんな彼に伝え、デザインしたことはドリブルの「抜き味」というものでした。

新しい言葉が出てきてしまったのですが、「抜き味」とは、ドリブルの「切れ味」のことを指します。

同じドリブルでかわすのも、ボールを一個分ずらしてシュートにいくのが精一杯なのか(抜き味が悪い)、完全に抜きさってパス、シュート、さらにドリブルするのか選べるのか(抜き味がよい)では、ドリブルの効果は大きく異なります。

ドリブルで抜けて調子が上がっている彼には、この抜き味にこだわって、決定機を生み出すプレーにつなげてほしい、という狙いがありました。

この抜き味を左右するのは距離感と加速力。

距離感は「ディフェンスが足を目一杯投げ出してもギリギリ届かない距離」を正確に把握できるか。

加速力は「ササクレタッチ」をより自然な走りに組みこめるか。

距離感を正確に把握するため、ディフェンスとゴムバンドをお互いに握り、一定の距離を保ちながらドリブルできるか、という距離を可視化するトレーニングでイメージを固めてもらいました。また加速力については、これまでのプレーに加えて「伸張反射」というバイオメカニクスの観点から、体本来の機能を引き出す形でパワーアップをはかりました。

短い時間ですが、現地で一緒に話しながらボールを蹴れて、彼がどんどん進化していく姿を肌で感じることができました。

お互いにリスペクトしながら、成長を続けられる。僕が目指していた、プロサッカー選手との理想的な関係がここにあります。これからもドリブルデザイナーとして、小林祐希選手を応援し続けていきたいと思います。

第4章

チャレンジすることの大切さを伝える

SECTION

01 ▼チャレンジする心

▼大好きなサッカーを続けるために

これまでドリブルを言語化し、「99％抜けるドリブル理論」を展開してきました。この理論を基にしたドリブル動画をSNS上にアップし始めたのが2014年ごろで、この5年間のあいだに、多くの方々に理論を伝えさせてもらい、代表選手へのドリブルデザインや、ネイマール選手を始めとした世界的スターとの共演など、当時目標としていたものを次々に叶《かな》えることができました。

しかし、まだまだ僕の夢は続きます。

これから叶えたいことが、もっとたくさんあります。

僕はドリブルデザイナーをあと数年で卒業し、次の夢を見据えています。

というのも、僕がこの本でお伝えしたかったのはドリブルの根本にある「チャレンジする心」だから。

世界中にチャレンジする心を伝えたくて、その手段にドリブルがあるイメージかもしれません。

だからドリブルだけにこだわりません。

今後の僕の夢の続きはあとで紹介するとして、これまで僕が歩いてきた道のりから、「チャレンジする心」の大切さを伝えさせてください。

プロローグにも書きましたが、僕は代表選手でもなければ、元Jリーガーでもありません。でも、サッカーは大好きで、２つ上の兄にくっついて、幼少時代は朝から晩までサッカーに明け暮れていました。もちろん、将来の夢はプロ選手になることでした。

横浜マリノスジュニアユースに在籍していた時代もありますが、コーチと衝突してしまい、マリノスを離れる決断をしました。高校からはドリブルに磨きをかけ、神奈川県選抜に選ばれたものの、スカウトから声がかかることはなく、プロになることはできませんでした。

それでも「大好きなサッカーを仕事にしたい」という気持ちが強く、あきらめることができませんでした。

そこで、体の線は細かったものの、細かいボールタッチが得意なことを活かせるのではないかと、フットサルへ転向し、プロとして生きる道を模索《もさく》しました。湘南ベルマーレフットサルクラブに在籍し、スペインに渡りプロチームの練習生として在籍していた時期もあります。しかし、選手をしながら指導もしていたこともあり、しだいに指導の魅力に取りつかれていきました。

僕は、「自分が指導した選手が成長していく姿をみるほうが好きだ」と感じ、引退を決意しました。

“一番好きなことをして人生を幸せに生きたい”

これは、今ももち続けている思いであり、好きなことにまっすぐ突き進みたい。そのために新しい人生にチャレンジすることを選択しました。

「Make Smile Project」を立ち上げ、幼稚園や小中高サッカー部、ジュニアサッカーチーム、街のイベントなどでフットサル教室を開催し、フットサルの普及活動に従事しました。

そのなかで「ドリブルで抜くこと」をただ感覚で身につけるのではなく、誰もが理解してドリブルができるように言語に落としこむことはできないか、という発想が生まれました。ドリブルは華があり、とくに子供はドリブルが大好きです。そして何より、チャレンジする心がないとできないプレーです。

ここまでチャレンジし続けてきた僕は、「チャレンジする心」の大切さを伝えたかった。「チャレンジする心」を体現するのに、ドリブルはもっとも適した教材でした。

それからは、さらに自分のドリブルを磨きはじめました。

人に伝えることを前提に、自分のプレーを振り返り、必要に応じて脳科学や運動学の専門家にも聞いて回りました。また、「全員抜くまでかえれま千」という、その場にいるプレーヤー全員を抜かないと帰れない修行のようなイベントも開催しました。

全員に見られている環境でボールを取られたらおしまい。そういった状況でも、失敗を恐れずチャレンジする背中を見せることで、チャレンジする心や勇気を伝えたい、という意図があったからです。多くの方々に賛同いただき、気がつけば5000人以上をドリブルで抜いていました。

こういった経験をした結果、おもしろいことに現役時代よりもずっと、ドリブルがうまくなっていました。

ドリブルを「言語化して人に伝える」ために、何が大切なのかを逆算しながら、自分自身のプレーに真摯《しんし》にプレーに向き合えたことがさまざまな気づきを与えてくれました。

また、さまざまな分野の専門家や、ボクシングややホッケー、フェンシングなどほかのスポーツ分野の方々にもお会いして話すなかで、「人に教わる」姿勢を身につけたこと、つまりメンタル面での成長が一番大きなカギだったのではないかと思います。

こんな僕のドリブルをＳＮＳ上にアップしていった結果、大きな反響を呼ぶことができました。それから全国各地でのドリブル指導、海外からもオファーが来るようになり、ついにはプロ選手からパーソナル指導の依頼をいただけるようになっていきました。

そんななか、しだいにドリブル「指導」、パーソナル「指導」という言葉に抵抗をもつようになってきました。プロ選手が相手でも、一般のプレーヤーが相手でも、僕は「教える」というスタンスよりも「伝える」「寄り添う」というイメージが強く、「指導」という言葉がしっくりきませんでした。

そこで生まれたのが「ドリブルデザイナー」という言葉です。

「指導」ではなく「デザイン」する。

これは、本人がもつ「個性」のすばらしさをそのままに、一緒に考えながら、よりよい形になるようデザインを施す、という考え方です。

そして、よりよいデザインができるよう「99％抜けるドリブル理論」を完全な形にまとめることも並行してチャレンジしていきました。

できるだけ感覚的なものを排除して、どんな人でも理解でき、再現できるものを目指して「ドリブルの言語化」に取り組みました。

おかげさまで、今では広く「99％抜けるドリブル理論」を認知してもらい、

「ドリブルで抜けるようになった」

「抜ける原理が分かって、何を練習すればいいか理解できた」

「サッカーが楽しくなった」

という嬉しい声をいただけるようになりました。

なかには、「岡部さんに影響されて、今○○（サッカーではないもの）にチャレンジしています」というメッセージもいただくことがあります。

チャレンジする心が伝わるだけでなく、チャレンジを駆り立てることができたのだと、とても嬉しい気持ちになりました。

ドリブルデザイナー岡部将和が誕生した経緯を簡単に書かせてもらいました。

ご覧の通り、僕は輝かしいエリートの道を歩んできたわけではありません。

数多くの挫折を味わっています。

でも僕は人生のどの瞬間でも「チャレンジすること」を辞めませんでした。

「日本はチャレンジしにくい国」「チャレンジしにくい社会」などと言う人もいますが、僕はこの日本でチャレンジしてきて、そのデメリットを感じたことはありません。

もちろん、誰もが失敗は怖いでしょうし、その結果失うものもあるかもしれません。でも、僕はメリットしかないと思っています。

実際のところ、これまでで実を結ばなかったチャレンジもいっぱいあります。

でも僕は「チャレンジした時点で9割は成功している」と思っています。

チャレンジして失敗しても、死ぬわけじゃない（もちろん内容にもよります）。その失敗から学び、次のチャレンジにつなげればよいだけです。そうやって成長し続けていけば、人生は必ず豊かになると信じています。

これはドリブルやサッカーに限ったものではありません。

スポーツも仕事も関係なく「チャレンジする心」は、幸せに生きるためのもっとも大切な指針です。

本書を読んでくださったみなさんが共感し、チャレンジに踏み出していただけたら幸いです。

最後に僕が「チャレンジし続ける」ために心がけていることを紹介し、締めくくりとさせていただきます。

SECTION

02 ▼夢ノートからの逆算

▼逆算からつくり上げる「夢ノート」

僕はこれまで、さまざまなことにチャレンジする前には、必ず「夢ノート」というものを書いてきました。

この「夢ノート」は「逆算ノート」でもあります。

第1章と第2章で紹介した「ロジック編」や「テクニック編」でも「逆算」という考え方を用いて何度か紹介してきました。

「Not10ゲーム」では、「9を言えた時点で勝ちになる」から逆算し、「9を言えた時点で勝ちになる＝5を言えた時点で勝ちになる」と気づくことが、このゲームの最大のポイントと説明しました。

また、第2章のテクニックの習得手順では、ドリブルは「①ディフェンスが届かない位置にいく」→「②迂回する」→「③ヨーイドン」という順序のなか、①からステップ形式で伝えるのが一般的かもしれませんが、僕は③のヨーイドンの形から逆算して、テクニックを習得することの重要性を伝えました。

何事においても「逆算」的に考えることを心がけています。

夢も同じです。

まずは、自ら設定した時期までに「夢」を叶えると決めて、逆算するのです。夢を叶えるために、期日から逆算して、それまでに達成しておくべき事項と期限を記していく。そうしていくことで、今から何をしなければならないか、直近でいつまでに何を達成しなければならないか、が明確になります。

こうすると、時間を大切に使うことができますし、計画性があるから無駄な努力をしなくてすみます。そして何よりも、チャレンジする心が芽生えてくるのです。

それは、なぜか。

どんな壮大な夢であっても、すべては地道な一歩からはじまるからです。

大きすぎて立ち向かえなさそうな夢でも、逆算して考えると、確実に一歩一歩の積み重ねの集まりのはずです。そんな小さな一歩なら、今すぐにでも踏み出せると思いませんか。

「夢は壮大なもの」と意識しすぎると、ときには、チャレンジする心を萎縮《いしゅく》させることもあるかもしれません。

それでも「夢」を逆算しながら考え、「今できるもの」へと落としこんでいくことが、チャレンジするきっかけにつながるはずです。そんな背中を押してくれる存在が「夢ノート」であると思っています。

たとえば、次の図のように「夢」からどう逆算していくか、いっしょに考えながら見てみましょう。

図24　「夢」からの逆算的思考例

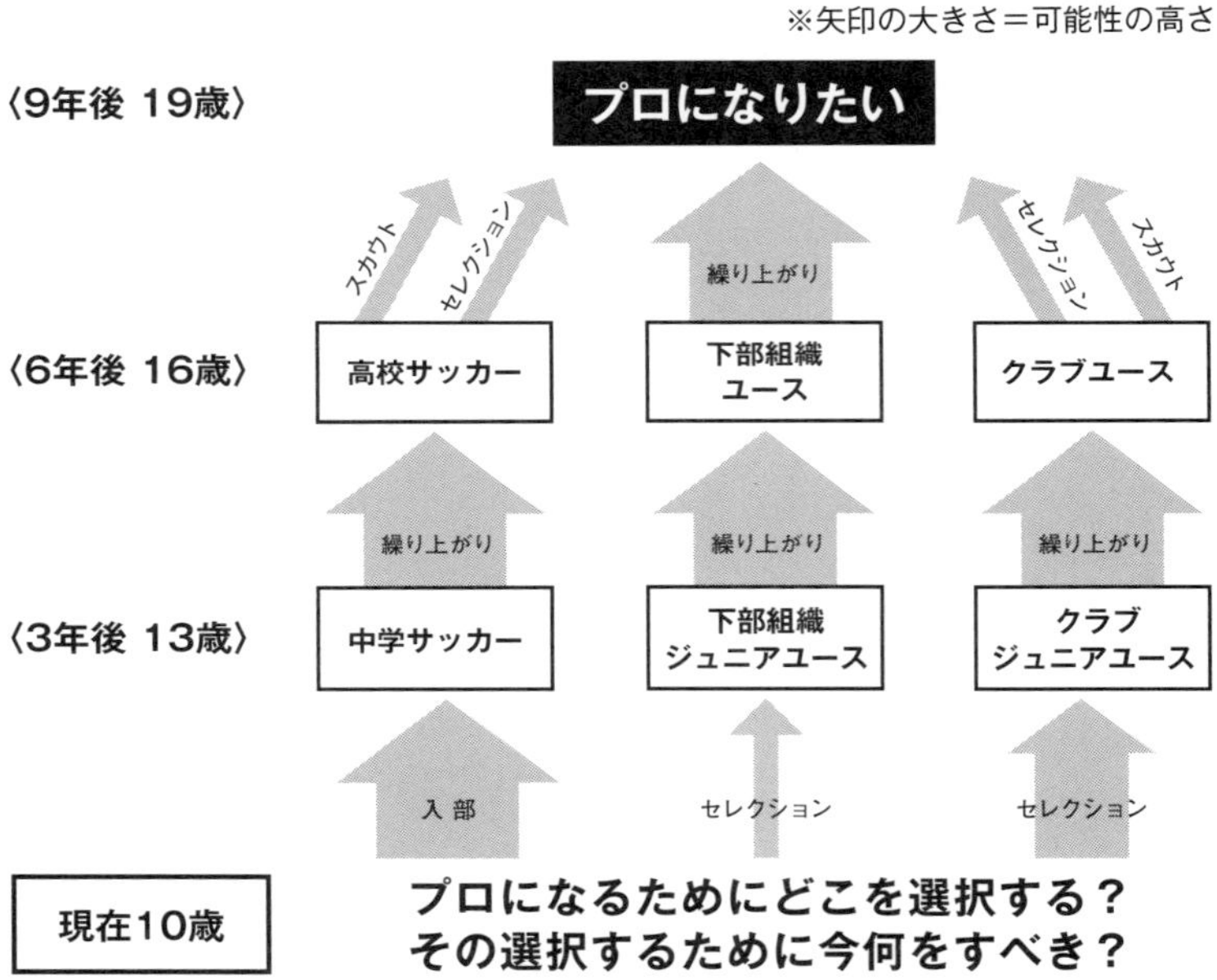

日本でプロになるためには下部組織のルートが高確率だが狭き門。高校サッカーやクラブユースでも可能性はあるが全国レベルの成績のチームでないとスカウトの目には止まらない 。

9年後プロデビューまであと何日？（365日×9年＝3285日）
毎週試合できたとして、何試合できる？（52週×9年＝468試合）
9年後に迫ったプロデビュー、このままの練習でいいだろうか？

そもそもなぜプロになりたかった？

なぜサッカーをしているのか？

なぜサッカーじゃなければいけないのか？

こんな自問自答で逆算していくと、ある気づきが生まれます。

「夢」は何かの手段であると。

幸せに生きたい、誰かの役に立ちたい。

「夢」はそんな自分のなかにある「想い」を実現する手段であるはずです。そう考えると、夢は何度でも書き換えられる。

確かに世のなか何でも叶うほどうまくは運びません。

しかし、叶わなかった夢も、自分のなかにある「想い」に気づいていれば、何度でも書き換えられ、チャレンジし続けられる。

僕は自分のなかにある「想い」に気づくことができました。だからさまざまな挫折を味わっても、そのたびに「夢ノート」を書き換えて、つねにチャレンジし続けることができたのです。

「夢ノート」はだれでも書けるものですが、もしかしたら書き方がわからないという方もいるかもしれません。次のページには、僕が実際に書いていた「夢ノート」をお見せするので、ぜひ参考にしてください。ご覧のとおり、メモ書きに近く、お世辞にもキレイとはいえませんが、「これなら書ける！」と思ってもらえたらうれしいです。ぜひみなさんにも、夢にチャレンジする気持ちをもってもらいたいと思います。

■実際に書いた夢ノート①（約1年半前）

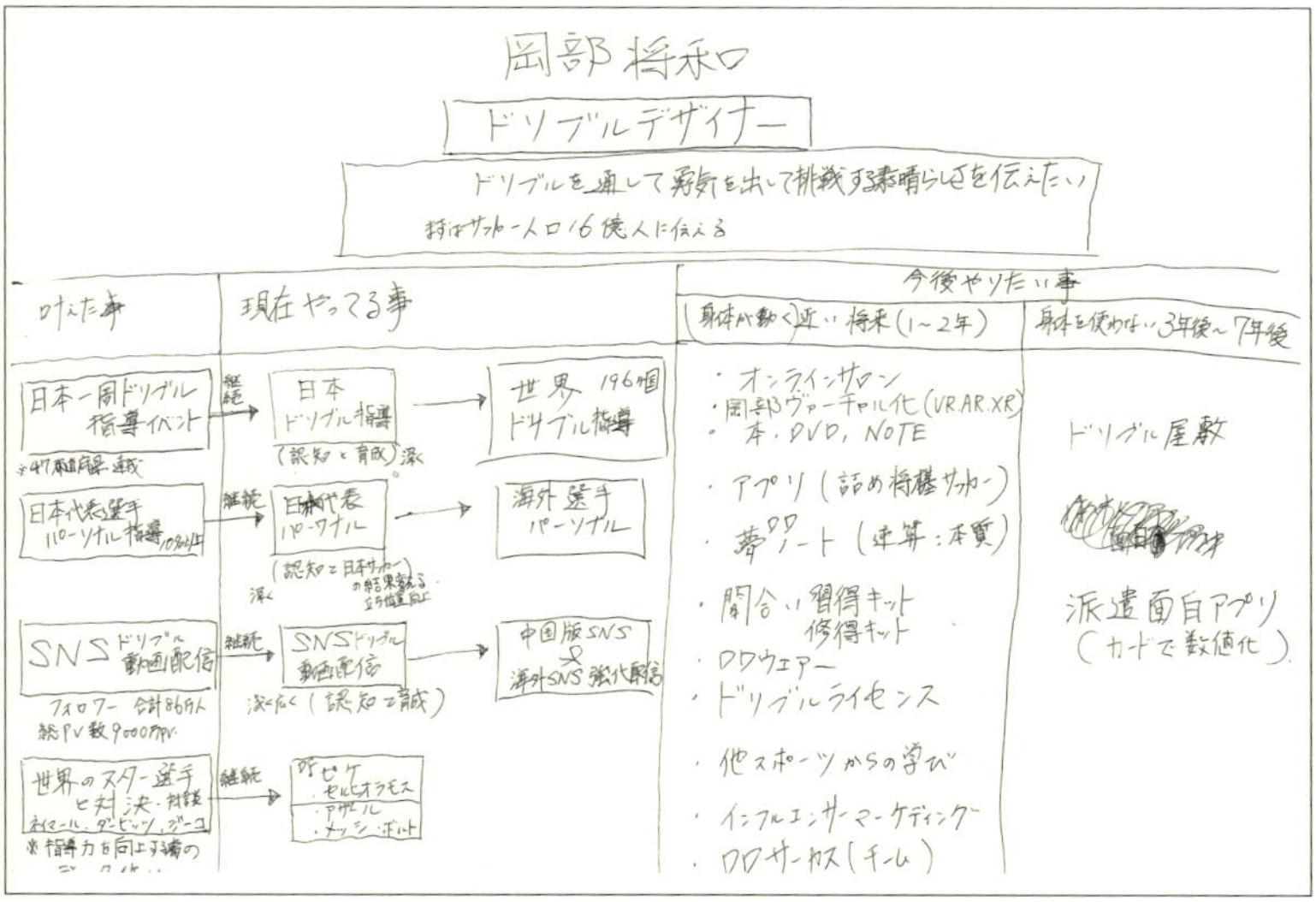

約１年半前に書いた夢ノート。壮大な夢を叶えるために、何事においても「逆算」的に考えることを心がけている。

■実際に書いた夢ノート②（約4年前）

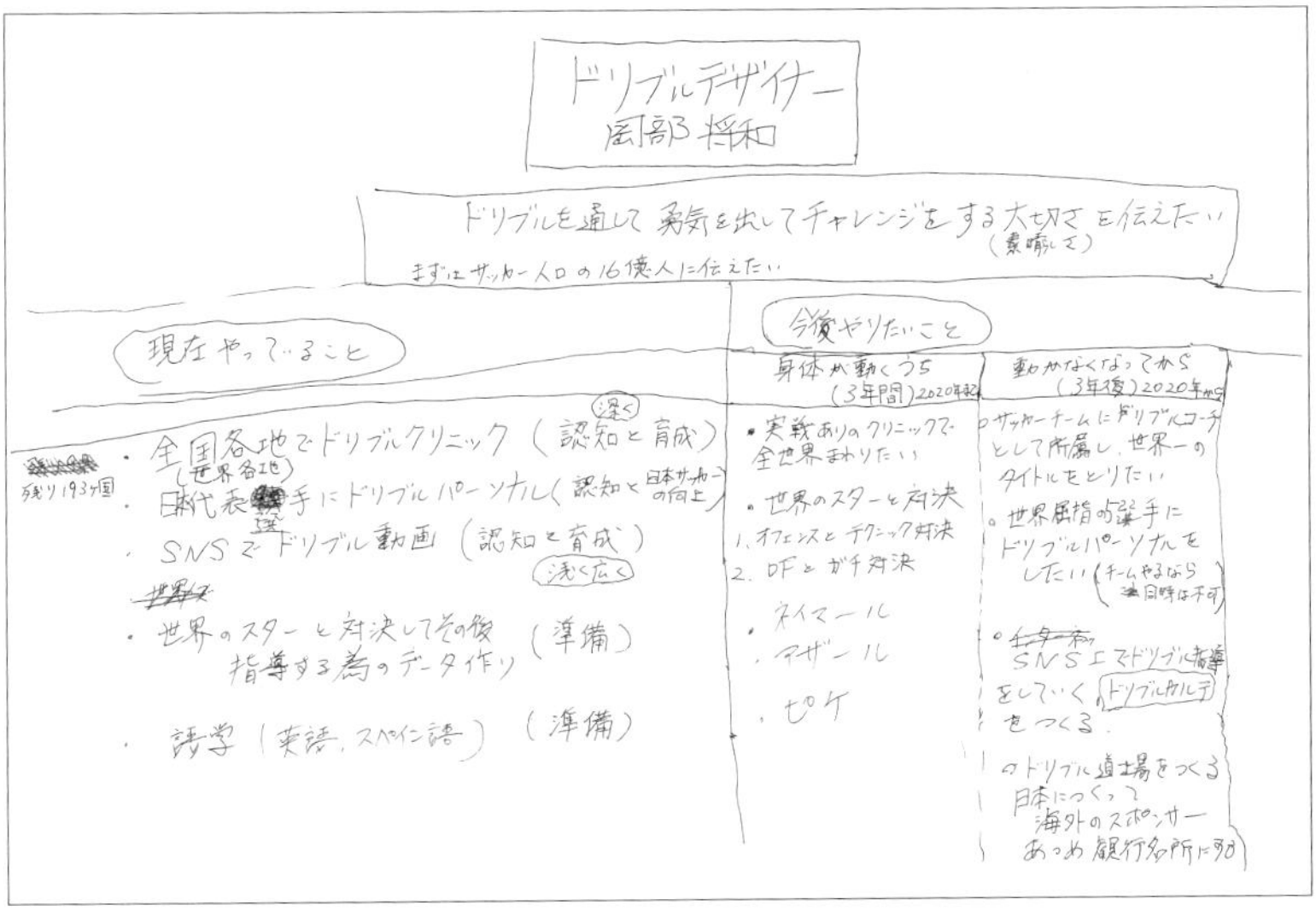

夢ノートは何度も書き換えられるもの。この約４年前に書いたノートから①の夢ノートに至るまで、何回も夢ノートを書き換えていった。

■実際に書いた夢ノート③（約6年前）

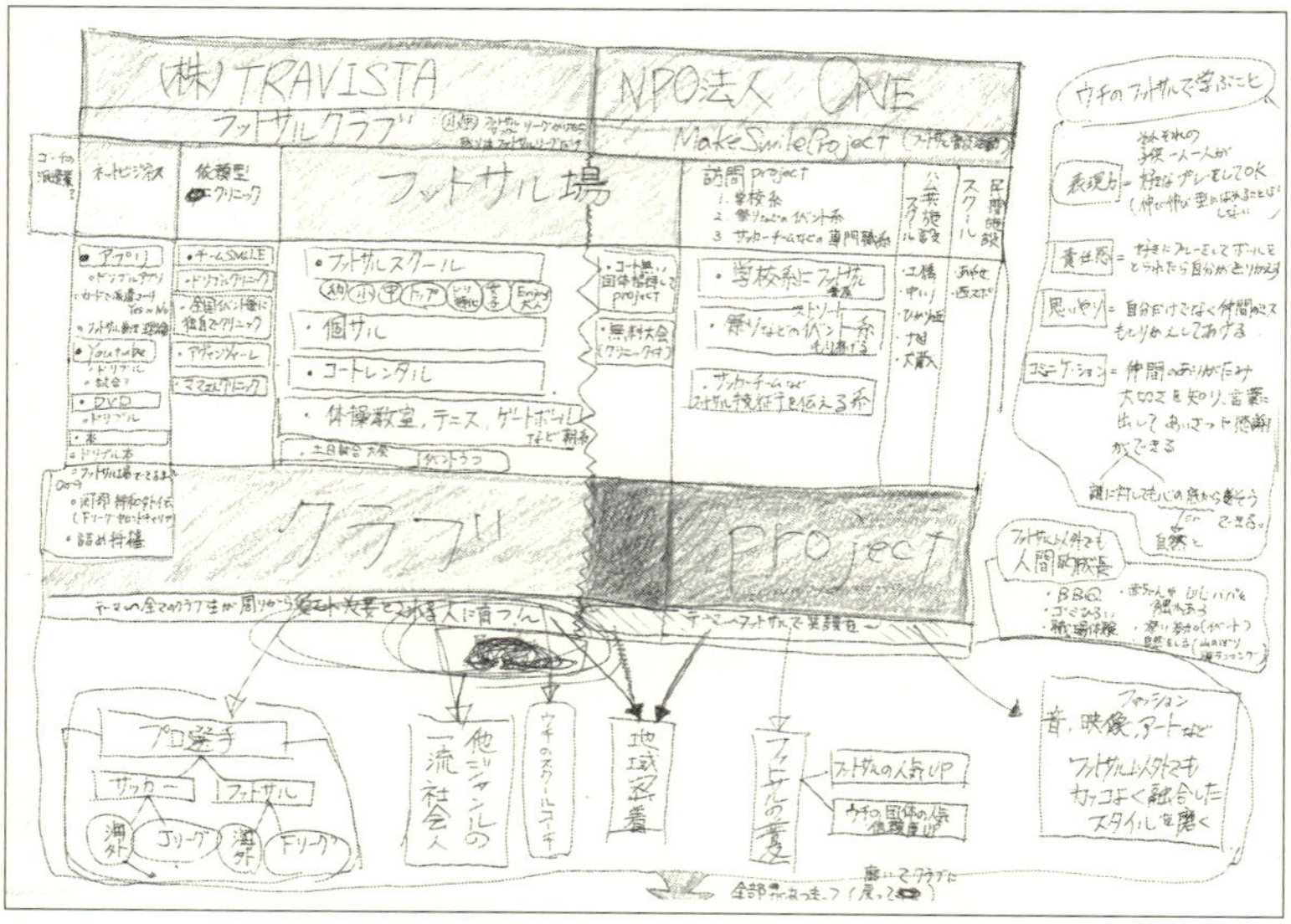

約６年前のノート。これはフットサル場をつくってくれるという方がいて、引退後や指導者の道、NPO法人の立ち上げなどをイメージして描いたもの。この頃、指導後によくドリブル対決をしていて、その動画をあげたことがドリブルデザイナーのきっかけとなった。

現在、僕の「ドリブルを通してチャレンジする心を伝える、チャレンジに駆り立てる」という側面に特化した「オンラインサロン」を運営しています。

ここでは僕の普段のドリブル練習法や、夢を叶えるために普段僕が行っていることをアップするだけでなく、サロンメンバーみなさんの練習法や夢への挑戦をアップしてもらい、意見交換を盛んに行う場にもなっています。

最近では著名人や企業役員にもメンバーになっていただき、あらゆる挑戦を具体的なチャンスに変えるプラットフォームの機能ももち始めています。サロン限定イベントやオフ会など、実際に会って交流する機会もあり、同じ志の仲間をつくることができるのも大きな魅力です。

僕だけでなく、メンバーみんなが発信者となりチャレンジを駆り立て合う理想的な集まり、それがオンラインサロンです。夢を叶えたい、チャレンジしたい！ というみなさんのご参加をお待ちしています。

エピローグ

僕にとってドリブルは生き様です。
目の前の相手に向かってチャレンジする、ということだけでなく、勝利の瞬間から逆算したうえで、今やるべきことに注力する。僕のなかに、逆算して全体を見渡す自分と、目前の対象に全力を注ぐ自分が同居しているのです。

こんな自分の生き様である「99％抜けるドリブル理論」をまとめるにあたり、たくさんの方々にご協力いただきました。
東洋館出版社の錦織圭之介社長をはじめ、編集部・営業部の皆様。僕の活動を誰よりも理解してくれているＹＯさん。この本を企画いただいた（株）サティスワンの木村俊介社長。読者の立場を踏まえて貴重なアドバイスを頂いた炭谷様。この場を借りて心より御礼申し上げます。

また、「生き様」も「99％抜けるドリブル理論」も、一貫した「逆算思考」に基づいています。

もともと曾祖父が将棋の棋士で、代々将棋家系に生まれたことが、子供の頃から逆算して考える習慣に大きく影響しているかもしれません。幼少から将棋を教えてくれた両親祖父母にも感謝の意を伝えたいと思います。

この「99％抜けるドリブル理論」が皆様のサッカー人生、ひいては人生そのものを豊かにできることを祈っています。

最後までお読みいただき、ありがとうございました。

平成31年4月吉日　岡部将和

【著者紹介】

岡部将和　Okabe Masakazu

ドリブルデザイナー

ドリブルを通して「チャレンジする心」を伝える。

1983年神奈川県生まれ。Fリーグ出身のドリブル専門の指導者（ドリブルデザイナー）。誰でも抜けるドリブル理論を持ち、YouTubeをはじめ様々なSNS上で配信する。ドリブル動画閲覧数は約1億PV。国内はもちろんアジア、ヨーロッパ、南米と世界各国からアクセスされ、現在は全国各地でドリブルレッスン開催中。また、サッカー界を代表する選手（日本代表選手たち）に個別で独自のドリブル理論を指導している。さらに、ロナウジーニョ、本田圭佑、ジーコ、マテラッツィ、アドリアーノ、デルピエロ、ピルロなど世界のスター選手とのコラボレーションを果たしている。

【YouTube公式チャンネル】

【サッカー歴】

あざみ野FC
横浜マリノスジュニアユース
神奈川県立荏田高校
桐蔭横浜大学（キャプテンとして在籍）

【フットサル歴】

PREDATOR URAYASU FC SEGUNDO
Fリーグ所属 バルドラール浦安
（Fリーグ初年度2位・全日本フットサル選手権2008年度 全国優勝）
スペイン2部リーグ Laguna Playas de Salou
Fリーグ所属 湘南ベルマーレ（全日本フットサル選手権2010 全国準優勝）

ドリブルデザイン

日本サッカーを変える「99%抜けるドリブル理論」

2019(平成31)年4月25日　初版第1刷発行
2019(令和元)年5月30日　初版第6刷発行

著　者　岡部将和

発行者　錦織圭之介

発行所　株式会社 東洋館出版社

〒113-0021　東京都文京区本駒込5-16-7
営業部　TEL：03-3823-9206　FAX：03-3823-9208
編集部　TEL：03-3823-9207　FAX：03-3823-9209
振　替　00180-7-96823
URL　http://www.toyokan.co.jp

[プロデュース] 大浜寧之
[本文デザイン] 株式会社LILAC
[イラスト] 福原やよい
[編集協力] 株式会社ナイスク　松尾里央　吉見涼
河合拓　佐藤航太
[撮影協力] 鈴木将伍　ラモスフィールド
[印刷・製本] 藤原印刷株式会社

ISBN978-4-491-03636-6　Printed in Japan